FLIC·FLAC·FLOO

& Hermann Pflaum

Illustrationen von
Petra M. Spielmann

Dieses Buch gehört:

Marlena Wulf

Hermann Pflaum, Meisterkoch
engagiert sich schon seit Jahren für eine naturbelassene Küche. Seine Lehrjahre verbrachte er in der
Schweiz, in Belgien und in Frankreich. Heute führt er zusammen mit seinem Bruder das renommierte „Pflaums Posthotel"
in Pegnitz bei Nürnberg, das von zahlreichen Musik- und Showgrößen besucht wird.
Hermann Pflaum ist Mitglied von EUROTOQUES, der Europäischen Union der Spitzenköche.

Petra M. Spielmann, Illustratorin
studierte Illustration am Fashion Institute of Technology in New York. Nach zweijähriger Tätigkeit als
freischaffende Illustratorin und Designerin kehrte sie nach Hamburg zurück.
Sie entwickelte und gestaltete die Illustrationen in diesem Buch.

Flic, Flac & Floo werden mit diesem Buch helfen, ein Dorf-Projekt für Kriegswaisenkinder in Ex-Jugoslawien mitzuverwirklichen.
Dieses Projekt wurde von dem Verein „HAND IN HAND Freunde der Kriegswaisenkinder in Ex-Jugoslawien e.V." ins Leben gerufen,
der unter der Schirmherrschaft der deutschen Regisseurin Doris Dörrie steht. *Von jedem verkauften Buch fließen DM 5,– HAND IN HAND zu.*
Mehr über den Verein und das Kriegswaisenkinderprojekt auf Seite 78 in diesem Buch und unter
http://www.flicflacfloo.de

1. Auflage
1997 by Kinder-Verlag München
Renate D. Schmidt-Mann KG, Unterföhring
Alle Rechte – auch der fotomechanischen und/oder elektronischen
Vervielfältigung, des auszugsweisen Nachdrucks und der Übersetzung – vorbehalten.
Idee + Konzeption: Renate D. Schmidt-Mann
Gesamtgestaltung: Renate D. Schmidt-Mann, Petra M. Spielmann
Umschlag + Illustration: Petra M. Spielmann
Foto Veronica Ferres: Jürgen Olczyk
Foto Miroslav Nemec: Hilde Zemann (Flyer)
Foto Christine Neubauer: Janine Guldener
Druck + Satz: Peschke GmbH, München
Printed in Germany

ISBN 3-9805689-0-3

EUROPÄISCHE UNION DER KÖCHE
EUROPEAN UNION OF COOKS
UNION EUROPEENE DES CUISINIERS

Liebe Leserin,
lieber Leser,

wir, die Europäische Union der Spitzenköche, kurz EUROTOQUES,
sind uns unserer Verantwortung für diese und die nächsten Generationen bewußt
und verwenden deshalb seit vielen Jahren ausschließlich
qualitativ hochwertige, frische und nicht (gen-)manipulierte Lebensmittel,
die aus der Region stammen und damit typisch für die Jahreszeit sind.

Wer solchermaßen bewußt einkauft,
stärkt heimische Produzenten und vermeidet lange Transportwege,
hat mehr Spaß beim Auswählen und Zubereiten der Nahrungsmittel,
erhält Lebensmittel mit unverfälschtem Eigengeschmack,
tut sich (und seinen Lieben) etwas Gutes.

Wir legen Ihnen dieses Buch eines Meisterkochs ans Herz,
der sich unseren Grundsätzen verpflichtet fühlt,
damit Sie selbst ausprobieren können,
wie kinderleicht es ist,
abwechslungsreich, gesund und lecker für die ganze Familie zu kochen.

Machen Sie Ihre Küche zum Erfahrungsfeld der Sinne.
Fühlen, riechen und schmecken Sie mit Ihren Kindern.
Viel Freude beim Kochen und ein neues Geschmackserleben
verspricht und wünscht Ihnen

Ernst-Ulrich Schassberger
Präsident
EUROTOQUES Deutschland
73667 Ebnisee im Schwäbischen Wald

INHALT

An einem Sommerabend	Schlaues vom Meisterkoch	Morgen-Munter-Macher	Eigenbrötlereien	Pausen-Überraschung!	Zum Tunken & Dippen	Knackiges Grünzeug	Macht dem Kohldampf Beine
6	8	11	18	22	28	34	38

Was Süßes geht immer	FLIC FLAC FLOO laden ein	Fragen, Probleme: FLIC FLAC FLOO goes Internet!	Kräuterdschungel	Jetzt sind Obst und Gemüse in Hochform	Was ich nicht versteh', kann ich hier nachschlagen...	Hand in Hand – oder – wie Kinder wieder lachen lernen	Rezepte von A-Z
60	68	71	72	74	76	78	80

Übrigens...

...hast du dir schon mal überlegt, warum du ißt? Nur, damit der Bauch voll ist? Weil der Negerkuß, der Pfannkuchen, das Eis so verführerisch ausschauen? Du ißt, weil dein Körper Energie braucht - zum Großwerden und Warmhalten, Rumrennen und Nachdenken. Diese Energie entsteht, während die Nahrungsmittel durch deinen Körper wandern und dort „verbrannt" werden. Wenn du siehst, wie schnell ein Stück Papier verbrennt, im Vergleich zu einem gut gelagerten Holzscheit, dann verstehst du, warum es nicht egal ist, mit was du deinen „inneren Ofen" fütterst. Deshalb hier ein paar Tips.

Süßigkeiten zum Beispiel machen zwar schnell satt, aber dieses Strohfeuer ist auch bald wieder vorüber. Damit deine innere Kraft- und Gute-Laune-Maschine also nicht schlapp macht, solltest du ihr wenig Zucker und möglichst viel Vollkornprodukte geben. Nur Getreidekörner, die die Kleie und die Schale noch haben, versorgen dich mit Vitaminen und Mineralien. Diese Stoffe sind lebenswichtig, aber sehr empfindlich. Deshalb mahl' alles Getreide frisch!

Keine Kunst der Welt kann schlechte Zutaten wettmachen. So wie sich aus kratziger Wolle kein Flauschpulli zaubern läßt, kannst du auch aus minderwertigen Lebensmitteln keine Köstlichkeiten herstellen. Den guten Koch erkennst du bereits daran, daß er sehr sorgsam einkauft.
Faustregel: Je naturbelassener, desto besser.

Wenn Obst und Gemüse Hunderte von Kilometern transportiert oder wochenlang gelagert werden, haben sich die wertvollen Inhaltsstoffe verflüchtigt. Auf dem Wochenmarkt, am Obst- und Gemüsestand ist übrigens bei jeder Sorte vermerkt, aus welchem Land sie stammt und wie sie angebaut wurde. „Aus kontrolliert biologischem Anbau" heißt, daß weder Kunstdünger noch Schädlingsbekämpfungs- oder Unkrautvernichtungsmittel verwendet worden sind. Frag ruhig den Obstmann oder die Gemüsefrau danach, denn du willst solche Gifte sicher nicht mitessen?

Am besten kaufst du nur Produkte, die in deiner Gegend wachsen und die gerade Saison haben. Die sind frisch und das kannst du auch schmecken. Nach dem Einkauf gehören Gemüse und Obst in den Kühlschrank (Gemüsefach), wenn du sie nicht am gleichen Tag verbrauchst. *Tomaten, Auberginen, Gurken, Bananen* vertragen allerdings keine Kälte; sie wollen es kühl und dunkel (Keller). *Gurken* vergilben und altern schneller, wenn du sie neben *Tomaten* legst. Neben *Äpfeln* werden *Gurken* matschig. Entferne das Grün der *Radieschen, Bundmöhren* und *Kohlrabi;* es verbraucht die Energie der Wurzel bzw. Knolle. Damit *Möhren* nicht bitter werden, vermeide es, sie mit *Äpfeln, Paprika* oder *Tomaten* zu lagern. *Kartoffeln* und *Tomaten* gehören auch nicht nebeneinander, da die *Kartoffeln* schneller austreiben.

Rinder, Kälber, Schweine und Hühner werden häufig zu Hunderten in engen Ställen und Boxen gehalten und sehen nie das Tageslicht, geschweige denn eine Wiese. Damit sie nicht krank werden, bekommen sie Medikamente, von denen unter Umständen auch Reste in dem Fleisch enthalten sind, das du ißt. Fleisch von Tieren, die artgerecht und natürlich aufgezogen worden sind, bekommst du im Naturkostladen oder beim Biometzger.

Und natürlich achtest du beim Einkaufen von Eiern, daß sie von „freilaufenden Hühnern" stammen. Mittlerweile gibt es solche Eier sogar schon in vielen Supermärkten. Augen auf!

Industriell hergestellte Nahrungsmittel und Fertiggerichte, ob in Dosen oder Gläsern, Tüten oder Schachteln, enthalten so viele Konservierungsmittel und Farbstoffe, daß du davon besser die Hände läßt. Wenn du Lebensmittel haltbar machen mußt, gibt es annehmbare Techniken wie trocknen (Obst, Pilze), mit Milchsäure vergären (kennst du vom Sauerkraut), oder kurz erhitzen (Milchprodukte).
Besser ist: gleich essen!

Dein Hermann Pflaum

Deine wichtigsten Küchengeräte

Getreidemühle*
Mixer*
Saftpresse*
Nudelmaschine
Pfanne
großer Topf
kleiner Topf
1 Holzbrettchen zum Zwiebel schneiden
1 Holzbrettchen für Obst, Gemüse, Käse, Brot
1 Holzbrettchen für Fleisch und Fisch
Kochlöffel
1 kleines + 1 großes scharfes Messer
Knoblauchpresse
Spätzlesieb
Schöpfkelle
Käsereibe
Zitronenreibe
Schneebesen
Pastetenform
Kastenform
Springform
Rührschüssel
Meßbecher
Topflappen

*Elektrische Küchengeräte erleichtern deine Arbeit sehr und sind teilweise sogar notwendig. Laß sie dir aber vorher von deinen Eltern erklären, ehe du damit arbeitest.

Meßeinheiten:

1 EL = 1 gestrichener Eßlöffel
1 TL = 1 gestrichener Teelöffel
1 g = 1 Gramm
1 ml = 1 Milliliter
1 Prise = das, was zwischen Zeigefinger und Daumen Platz hat.

Die Uhr

zeigt an, wie lange du zum Zubereiten brauchst.

Die Rezepte sind unterschiedlich schwierig:

wenn du vorher noch nie gekocht hast, fange mit den Rezepten mit 1 Karotte an.

 wenn du etwas Übung beim Kochen hast, wage dich an die Rezepte mit 2 Karotten.

 wenn du dich schon als kleiner Koch fühlst, so versuche dich ruhig an den anspruchsvollen Gerichten oder du fragst Mama und Papa, ob sie dir helfen.

Schlaues vom Meisterkoch

So bereitest du dich auf das Kochen vor

1. Lies dir das Rezept in Ruhe und von Anfang bis Ende durch.
2. Halte dich genau an die Arbeitsschritte.
3. Stelle dir die Zutaten und das Kochgeschirr bereit. Zwischendrin suchen müssen nervt.
4. Arbeitsplatz, Geräte und deine Hände müssen sauber sein, bevor du beginnst.
5. Wenn du lange Haare hast, binde sie zusammen.
6. Kochprofis tragen eine Schürze. Zur Not tut es auch ein altes T-Shirt.
7. Gemüse, Obst, Fleisch und Fisch sorgfältig unter fließendem, kaltem Wasser waschen und dann mit einem Papiertuch abtrocknen.
8. Messer sollten scharf sein, sonst könntest du abrutschen und dir in den Finger schneiden.
9. Halte das Holzbrettchen kurz unter Wasser, damit es sich nicht mit dem Zwiebelsaft o.ä. vollsaugt. Gilt natürlich nicht für trockene Lebensmittel.
10. Probiere mit einem sauberen (!) Teelöffel und nicht mit den Fingern.
11. Räume zwischen den einzelnen Arbeitsschritten die nicht mehr benötigten Zutaten auf und stelle das Kochgeschirr in die Spüle oder Spülmaschine.
12. Vergiß nach dem Kochen das Aufräumen nicht und kontrolliere, ob alle Schalter am Herd ausgeschaltet sind.

Hast du dich verbrannt...

sofort die Finger oder den verbrannten Körperteil unter eiskaltes Wasser halten. Auch wenn die Kälte unangenehm ist, die verbrannte Stelle so lange wie möglich unter das Wasser halten (mindestens 5 Minuten). Falls es schlimmer wird, sofort(!) den Notdienst oder Arzt anrufen.

Hier lauern Gefahren in der Küche:

Pfannen und Töpfe sollten immer so auf der Herdplatte stehen, daß die Stiele nicht gegen dich gerichtet sind. Du kannst beim Arbeiten daran hängen bleiben und dich mit dem heißen Inhalt verbrennen.

Fasse Pfannen und Töpfe immer mit einem Topflappen an - Verbrennungsgefahr!

Verlasse niemals die Küche, wenn etwas am Herd steht.

Wenn Küchenmesser und Raspeln gut funktionieren sollen, müssen sie auch scharf sein. Paß also auf deine Finger auf!

Beim Abgießen von Nudeln, Kartoffeln oder Heben des Topfdeckels rechtzeitig die Nase wegnehmen, es gibt nämlich heißen Dampf.

Beim Braten in der Pfanne immer darauf achten, daß die Pfanne trocken ist, bevor du Butter oder Öl hineingibst!

Kiwi, Orange, Mango, Melone & Co.

Pegnitz, in der Küche von Hermann Pflaum...

Schaut mal diese tollen Früchte an...

...probiert es doch einfach einmal aus: Eßt gleich nach dem Aufstehen, wenn ihr noch nicht einmal richtig aus den Augen schauen könnt, euer Lieblingsobst, egal, ob Erdbeeren, Äpfel, Pfirsiche, Kirschen. Es gibt ja so viele herrliche Obstsorten. Das Obst ist obendrein ein hervorragender Durstlöscher und nebenbei noch eine wahre Vitaminbombe - und die schon am frühen Morgen!

...und außerdem schmeckt es einfach phantastisch. Oder gibt's vielleicht jemanden, der kein Obst mag?

Blumentee

Das brauche ich für Schlüsselblumentee:

5 Schlüsselblumenblüten
5 Kamilleblüten
1 Erdbeerchen
2 Himbeerblätter
2 Minzeblätter
ca. 1/2 Liter heißes Wasser

Das brauche ich für Gänseblümchentee:

5 Gänseblümchenblüten
5 Minzeblätter
4 Brennesselblätter
1 kleiner Zweig Rosmarin
ca. 1/2 Liter heißes Wasser

1.
Gib die Kräuter für den Gänseblümchen- oder Schlüsselblumentee in eine Teekanne.

2.
Gieße kochendes Wasser darüber und laß den Tee 3 Minuten ziehen.

Heiße Schokolade & Karottensaft

Das brauche ich für 2 Portionen:
60 g Zartbitter-Kuvertüre
1/2 Liter Milch
1 TL Akazienhonig

Das brauche ich für 2 Portionen:
4 gewaschene Karotten
1 gewaschenen Apfel
Saft einer 1/4 Zitrone
1/2 TL Sonnenblumenöl

1. Gib die Kuvertüre und die Milch in einen Topf, laß alles köcheln bis die Schokolade geschmolzen ist.

1. Presse Karotten und Apfel durch eine Fruchtpresse.

2. Nimm den Topf vom Herd und süße mit Honig nach.

2. Jetzt kommen noch der Zitronensaft und das Öl dazu – fertig!

Morgen-Munter-Macher

Müsli

Orangen-Hafer-Müsli für 2:
4 EL Haferflocken
1 ungespritze Orange
1/2 Apfel (mit Schale)
100 ml Wasser
3 gehackte Haselnüsse
1 EL Sahne .

Banane-Trauben-Müsli für 2:
4 EL Hirseflocken
1 Banane
12 halbierte Weintrauben
100 ml Wasser
3 gehackte Haselnüsse
1 EL Sahne

Inzwischen im Frühstücksraum...
Frühstück gefällig?
Klar, denn wenn mein Akku leer ist, powert mich Hermann wieder auf - *grins* - notfalls mit Müsli und so...

Orangen-Hafer-Müsli:

1.

Koche die Haferflocken im Wasser einmal auf.

2.

Schäle die Orange und gib die Orangenschale dazu.

3.

Nimm den Topf vom Herd – Vorsicht heiß!

4.

Mit einer Gabel holst Du die Orangenschale wieder heraus.

5.

Gib die Nüsse, den kleingeschnittenen Apfel und die Sahne dazu.

6.

Nur noch die kleingeschnittene Orange obendrauf – und fertig!

So'n Mist, schon wieder verschlafen! Doch Hermann hat mir da ein Geheimrezept verraten: Ich schmeiß die Getreideflocken und Bananen, mein Lieblingsobst, in den Mixer, füll' mit Milch auf und mix' alles fein. Schmeckt einfach g i g a n t i s c h !

Bananen-Trauben-Müsli:

1.

Koche die Hirseflocken im Wasser einmal auf.

2.

Nimm den Topf vom Herd.

3.

Gib die Bananenstücke, Haselnüsse, die Trauben und die Sahne dazu, umrühren – fertig!

Sonntags-Sprossen-Power

Das brauche ich für 2 Portionen:

2 EL Weizen (keimfähig)
1 EL Hafer (keimfähig)
1 EL Alfalfa-Sprossen
2 gehackte Walnüsse
1 TL Sonnenblumenkerne
1 Birne
1 Banane
10 Weintrauben
4 Erdbeeren
1 Becher Sanoghurt
1 TL Akazienhonig
1 EL geschlagene Sahne

So keimst du die Körner:

1. Tag:
Gib Weizen, Hafer, Alfalfa in einen Behälter und gieße die Körner mit Wasser auf, so daß sie gerade bedeckt sind.

2. Tag:
Schütte die Körner in ein Sieb und spüle sie unter fließendem Wasser gründlich. Danach machst du es so wie am 1. Tag.

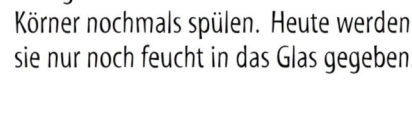

3. Tag:
Körner nochmals spülen. Heute werden sie nur noch feucht in das Glas gegeben.

4. Tag:
Das ist der Tag, an dem du dir dein Sprossenmüsli zubereiten kannst.

Morgen-Munter-Macher

1.
Schneide die Birne und die Banane in Stücke.

2.
Halbiere die Trauben und die Erdbeeren.

3.
Röste die Walnüsse und die Sonnenblumenkerne kurz bei kleiner Hitze in der Pfanne an.

4.
Gib alle sonstigen Zutaten zusammen mit dem Obst und den Nüssen in eine große Schüssel.

5.
Mische nun die gekeimten Körner unter und verteile danach alles auf zwei Müslischüsseln.

Sprossen sind richtige Vitaminquellen. Eine Kinderhand voll Alfalfa-Sprossen enthält soviel Vitamin C wie 6 Gläser frischgepreßter Orangensaft!

Am Frühstückstisch...

Hhm, lecker, kann ich das auch mit Äpfeln, Kiwi, Mandarinen, Blaubeeren essen?

Ja, selbstverständlich, wenn dir das besser schmeckt. Grundsätzlich solltest du natürlich das Obst, das gerade Saison hat, für dein Müsli verwenden.

Floo nickt heftig - als Zustimmung - mit dem Kopf.

Morgen-Munter-Macher 17

Walnußbrot

Das brauche ich für eine Kastenform:

800 g Dinkel
200 g gehackte Walnüsse
1/2 Liter lauwarmes Wasser
1 Würfel Frischhefe
1 TL Akazienhonig
1 EL Jodsalz
1 EL Butter für die Kastenform

Flac liest in der Zeitung...

Quatsch, hört doch mal:

Interessant? Oder drückst Du dich vor der Arbeit?

JOD, EIN LEBENSWICHTIGES SPURENELEMENT

Bonn - Jodmangel ist in ganz Deutschland verbreitet, denn der natürliche Jodgehalt unserer Nahrung ist, bis auf wenige Ausnahmen, nur sehr gering. Die letzte Eiszeit hat das Jod aus dem Boden gewaschen und in die Meere geschwemmt. Die auf den jodarmen Böden erzeugten pflanzlichen und tierischen Produkte enthalten daher nur wenig von diesem lebenswichtigen Spurenelement. Aus diesem Grunde liegt „jodiert" im Trend, das heißt, grundsätzlich sollte mit Jodsalz gekocht und gebacken werden...

Eigenbrötlereien

1.
Zuerst kommt das handwarme Wasser in eine Rührschüssel.

2.
Gib Hefe, Salz und Honig in dieses Wasser.

3.
Jetzt alles schön glattrühren.

4.
Die Hälfte der Walnüsse hacken und zu dem Hefewasser geben.

5.
Nun mahle den Dinkel mit der Getreidemühle direkt in die Rührschüssel.

6.
Rühre den Teig in der Schüssel gut um.

7.
Laß den Teig zugedeckt an einem warmen Ort gehen (ca. 10 Min).

8.
Jetzt mußt du den Teig herausnehmen und kräftig durchkneten und wieder 10 Min. gehen lassen.

9.
Knete den Teig ein letztes Mal durch und rolle ihn zu einem Rechteck aus.

10.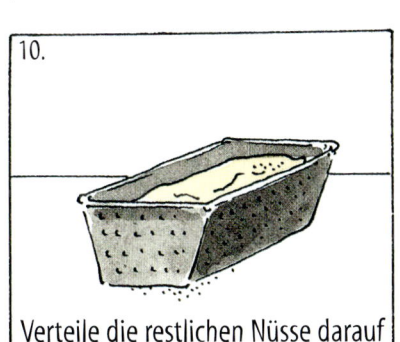
Verteile die restlichen Nüsse darauf und lege ihn zusammengeklappt in eine eingefettete Kastenform.

11.
Heize das Backrohr auf 200 Grad vor - gib dann das Brot und eine feuerfeste Schüssel mit Wasser hinein.

12.
Nach einer Stunde Backzeit ist dein Brot fertig.

Eigenbrötlereien

Vollkornbrötchen

Das brauche ich:
- 1500 g Weizen
- 1 Liter lauwarmes Wasser
- 100 g Frischhefe
- 3 EL Butter
- 1 EL Akazienhonig
- 5 TL Jodsalz

1.
Zuerst kommt das handwarme Wasser in eine Rührschüssel.

2.
In das Wasser gibst Du die Hefe, das Jodsalz und den Honig.

3.
Mit einem Kochlöffel alles schön glattrühren.

4.
Nun mahle den Weizen mit der Getreidemühle direkt in die Rührschüssel.

5.
Wenn du genug Kraft hast, fang schon jetzt mit dem Rühren des Teiges an.

6.
Nimm den Teig aus der Rührschüssel und knete ihn nochmals kräftig durch.

Eigenbrötlereien

7. Nun muß der Teig zugedeckt 10 Minuten an einem warmen Ort ruhen.

8. Wenn der Teig „gegangen" ist, knetest du die weiche Butter hinein.

9. Drehe 50g-Kugeln (haben die Größe von einem etwas zu groß geratenen Golfball).

10. Setze die Teigkugeln auf ein bemehltes Backblech und laß sie nochmals 10 Minuten gehen.

11. Drehe das Backrohr auf 200 Grad auf, stelle eine kleine feuerfeste Schüssel mit Wasser hinein.

12. Nun werden die Brötchen noch auf der Oberseite mit Wasser bepinselt.

13. Nach 20 Minuten Backzeit sind deine Brötchen fertig.

Eigenbrötlereien 21

Pastete, Quark, Schoko-Nuts & Co.

Schoko-Nuts
100 g Zartbitter-Kuvertüre
4 EL Wasser
(verrühre darin
1 TL Agar-Agar)
100 g Haselnußmus
1 EL Akazienhonig

1.
Gib das Wasser in einen Topf, dazu die Kuvertüre und laß sie bei kleiner Hitze schmelzen.

2.
Leicht abkühlen, Honig und Haselnußmus einrühren, alles in ein Glas abfüllen - fertig.

Quark & Honig

1 Vollkornbrötchen
100 g 40%-iger Quark
1 TL Akazienhonig pro Brötchenhälfte

1. Bestreiche die Brötchenhälften dick mit Quark.

2. Tröpfle obendrauf den Honig.

Geröstetes Rucola-Brot

2 Scheiben Vollkornbrot
1 Knoblauchzehe
1 Tomate
6 Blätter Rucola
2 EL Olivenöl

1. Halbiere den Knoblauch, reibe damit die Brotscheiben ein und röste das Brot im Öl.

2. Belege die Scheiben danach mit Rucola und den Tomatenscheiben.

Mozzarellaspieß

1 Kugel Mozzarella
10 Blätter Basilikum
2 EL selbstgemachtes Ketchup
5 Zahnstocher

1. Schneide den Mozzarella in Scheiben.

2. Bestreiche die Scheiben mit Ketchup und gib die Basilikumblätter obendrauf.

3. Lege die Scheiben schichtweise aufeinander und befestige sie mit einem Zahnstocher.

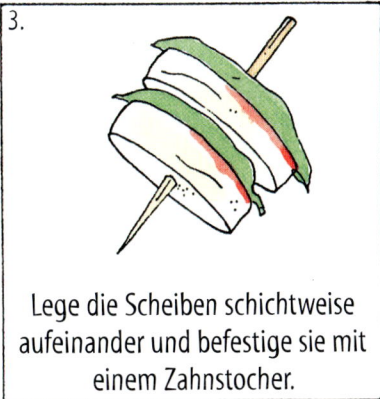

Pausen-Überraschung!

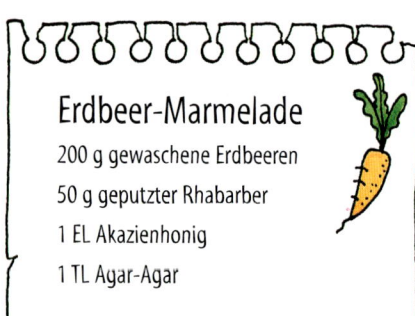

Erdbeer-Marmelade
200 g gewaschene Erdbeeren
50 g geputzter Rhabarber
1 EL Akazienhonig
1 TL Agar-Agar

Aprikosenmarmelade
250 g gewaschene Aprikosen
1 EL Akazienhonig
1 TL Agar-Agar

1. Schneide das Obst klein und gib alles in einen Topf.

2. Jetzt schüttest du Agar-Agar dazu und läßt das Obst aufkochen.

3. Nach dem Aufkochen püriere deine Marmelade zusammen mit dem Honig im Mixer.

4. Fülle die heiße Marmelade in ein sauberes und mit Wasser ausgespültes Glas mit Schraubdeckel.

Diese Marmeladen halten ca. 2 Wochen im Kühlschrank. Und noch ein Tip: Ich verfeinere manchmal die Marmeladen mit Kräutern, wie z.B. Minze, Zitronenmelisse, Lavendel, Ingwer. Probier's doch auch mal.

Kräuterpastete

- 100 g kleine, braune Berglinsen
- 1 Lorbeerblatt
- 100 g Pellkartoffeln (noch warm)
- 2 altbackene Brotscheiben
- 100 ml Sahne
- 1 Ei
- 3 EL Olivenöl
- 1 Knoblauchzehe
- 1/2 kleingeschnittene Zwiebel
- 1 TL geriebene Zitronenschale
- 1 TL Jodsalz
- 1/2 TL Pfeffer

Kräuter:
- 1 TL Majoran
- 1 TL Thymian
- 1 TL Rosmarin
- 1/2 TL Muskatnuß frisch gemahlen

Die Pastete kannst du schon Tage vorher machen, sie hält im Kühlschrank ca. 6 Tage.

Wow, die schmeckt ja wie Leberwurst!

1.  Koche die Berglinsen 25 Minuten mit dem Lorbeerblatt in Wasser.

2. Schwitze die Zwiebel im Öl an. Dann gib den Knoblauch und die Kräuter dazu. Nimm die Pfanne vom Herd.

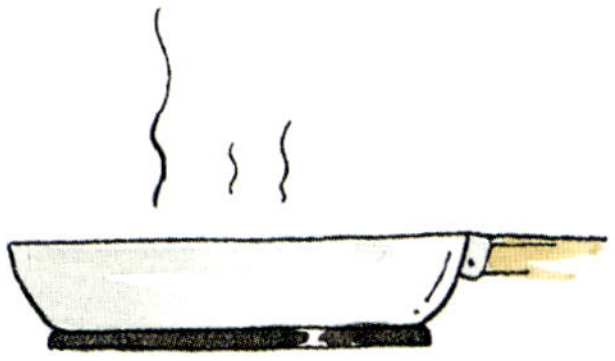

3. Zerbrösle die Brotscheiben und weiche sie in der Sahne ein.

4. Schäle die noch warmen Kartoffeln und püriere sie mit den Linsen, Brot, Ei und Kräutern im Mixer.

5. Gib Salz und Pfeffer dazu, drücke die Masse in eine Pastetenform und verschließe sie gut.

6. Stelle die Form in ein Wasserbad und gib sie für 30 Minuten in das auf 180 Grad vorgeheizte Rohr.

Pausen-Überraschung!

BurgerVeg – der ultimative Pausensnack

Das brauche ich:

150 g Grünkern feingemahlen*
50 g Grünkern geschrotet*
1/4 Liter Wasser
1 Zwiebel
1 Knoblauchzehe
5 EL frische gehackte Petersilie
1 EL Thymian
1 EL Rosmarin
1 EL Majoran
1 Ei
1 in Wasser eingeweichtes Brötchen
7 EL Olivenöl
1 TL Jodsalz
1/2 TL Pfeffer
1 tiefen Teller voll Sesamkörner
Sonnenblumenöl zum Ausbacken

(*probiere die BurgerVeg's auch einmal mit Dinkel oder Hirse)

Ich lege meinen BurgerVeg in unser tolles Vollkornbrötchen. Salatblätter, Tomaten- und Gurkenscheiben dazwischen: So gestärkt schaffe ich locker die schlimmste Mathearbeit!

1. Schäle die Zwiebel, schneide sie klein, ziehe die Schale von den Knoblauchzehen ab.

2. Gib das Öl in eine Pfanne und schwitze die Zwiebeln an.

3. Hacke die Kräuter, zerquetsche den Knoblauch mit der Knoblauchpresse und gib alles in die Pfanne.

4. Schütte den frisch gemahlenen Grünkern und das Wasser hinein.

5. Nimm die Pfanne vom Herd, rühre den Grünkern gut unter. Laß den Teig etwas auskühlen.

6. Drücke das Wasser aus dem Brötchen und brösle das Brötchen dann in den Teig.

7. Ei, Salz und Pfeffer in den Teig geben und alles gut umrühren.

8. Stich mit einem Eßlöffel etwas Teig ab und rolle diesen zu einer Kugel.

9. Aus dem gesamten Teig müßtest du gut 10 Kugeln formen können.

10. Wälze die Teigkugeln, die du jetzt etwas flach drückst, in den Sesamkörnern.

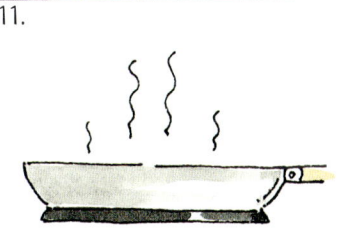

11. Erhitze das Sonnenblumenöl in der Pfanne und brate die BurgerVeg's bei mittlerer Hitze aus.

Pausen-Überraschung!

Ketchup & Mayonnaise

Das brauche ich für das Ketchup:
6 vollreife Eiertomaten
3 EL Olivenöl
1 EL Akazienhonig
1 TL Apfelessig
1 TL Currypulver
1 Prise(!) Cayennepfeffer

Das brauche ich für die Mayo:
200 ml Distelöl
(oder Olivenöl)
2 Eigelb
1 TL mittelscharfen Senf
Saft einer 1/4 Zitrone
1/2 TL Jodsalz
1 Prise Pfeffer

Zum Tunken & Dippen

Ketchup:

1.

Viertle und entkerne die Tomaten (sonst schmeckt das Ketchup bitter) und entferne die Stiele (giftig!).

2.

Auf mittlerer Hitze kochst du die Tomatenstückchen im Öl weich.

3.
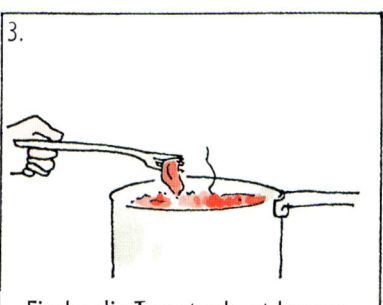
Fische die Tomatenhaut heraus, gib die restlichen Zutaten hinein, nochmals umrühren – das war's.

Mayo:

1.

Verrühre mit einem Schneebesen 2 EL Öl mit dem Eigelb.

2.

Gib das restliche Öl tröpfchenweise dazu und schlage immer wieder alles kräftig durch.

3.

Zitronensaft, Senf, Salz und Pfeffer hinein, nochmals rühren – fertig!

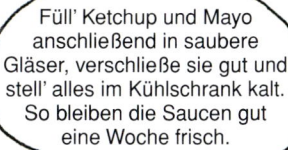

Füll' Ketchup und Mayo anschließend in saubere Gläser, verschließe sie gut und stell' alles im Kühlschrank kalt. So bleiben die Saucen gut eine Woche frisch.

Wäre auch eine tolle Wettbewerbsidee für die Schule: **Wer macht das beste Ketchup!**

Zum Tunken & Dippen

Käse- & Tomatensauce

Das brauche ich für die Tomatensauce:

4 mittelgroße, reife Tomaten
3 EL Olivenöl
6 Basilikumblätter
1/4 TL Jodsalz
1/4 TL Pfeffer

Das brauche ich für die Käsesauce:

100 g geriebenen Emmentaler
200 ml Sahne
30 g Butter
1/4 TL Pfeffer
Schnittlauch

30 *Zum Tunken & Dippen*

Käsesauce:

1. Schütte die Sahne in einen Topf und laß sie einmal aufkochen.

2. Stelle die Kochplatte auf 1 zurück, gib die Butter und den Käse in den Topf und laß alles köcheln.

3. Schön rühren und zum Schluß kommt noch der Pfeffer dazu.

Tomatensauce:

1. Gib die Tomaten ein paar Sekunden in kochendes Wasser.

2. Schreck dann die Tomaten in kaltem Wasser ab.

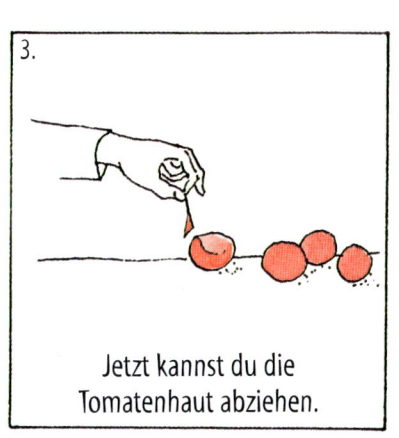

3. Jetzt kannst du die Tomatenhaut abziehen.

4. Viertle die Tomaten, schneide die Stiele weg, entkerne sie und gib sie mit dem Öl in den Topf.

5. Laß die Tomaten 4 Minuten köcheln und nimm dann den Topf vom Herd.

6. Mit der Schere zerkleinerst du die Basilikumblätter - gib diese mit dem Salz und Pfeffer in die Sauce.

Inzwischen:

Ich probier' mal die Nudeln mit der Tomatensauce, zu den Gnocchi nehm' ich die Käsesauce - vielleicht schmecken mir die Saucen auch mit Pellkartoffeln?

In die Käsesauce habe ich Schnittlauchröllchen gegeben - hmm, köstlich - tja, war ja auch meine Idee!

Achtung: Immer die Tomatenstiele entfernen, die sind nämlich *giftig*!

Zum Tunken & Dippen

 Kräuter- & Sauerampfersauce

Das brauche ich für die Kräutersauce:
1 Zwiebel
1 Knoblauchzehe
30 g Butter
1/8 Liter Wasser
1 TL Gemüsebrühepulver
1/4 Liter Sahne
1/2 TL Jodsalz
1/2 TL Pfeffer
Kräuter:
1 EL Basilikum
1 EL Dill
1 EL Kerbel
1 EL Petersilie
1 EL Schnittlauch

Das brauche ich für die Sauerampfersauce:
1 Zwiebel
40 g Butter
1/8 Liter Wasser
1/4 Liter Sahne
30 g Sauerampferblätter
1 Prise Jodsalz
1 Prise Pfeffer

Die Faulenzer...

Zum Tunken & Dippen

Kräutersauce:

1.

Schneide die Zwiebel und den Knoblauch klein und schwitze alles in der Butter an.

2.

Gieße das Wasser und die Sahne dazu, gib die Gemüsebrühe hinein und laß die Flüssigkeit aufkochen.

3.

Gib die Flüssigkeit, die gehackten Kräuter, Salz und Pfeffer in den Mixer und püriere alles fein.

Sauerampfersauce:

1.

Auch hier schneidest du die Zwiebel klein und schwitzt sie in der Butter an.

2.

Mit Wasser aufgießen, die Sahne dazu, etwas einkochen lassen, mit Salz und Pfeffer abschmecken.

3.

Püriere mit dem Mixer den rohen Sauerampfer zusammen mit der Flüssigkeit zu einer feinen Sauce.

Zum Tunken & Dippen

Salat in Variationen

Krautsalat

100 g Weißkohl

Sauce:

3 EL Olivenöl

1 EL Apfelessig

1 TL Kümmel

1 TL Akazienhonig

1 Prise Jodsalz + Pfeffer

1. Schneide das Kraut in feine Streifen.

2. Rühre zuerst das Öl mit Essig in einer Tasse an und gib dann die restlichen Zutaten dazu.

3. Knete die Krautstreifen, die du in eine Schüssel gegeben hast, mit der Salatsauce kräftig durch.

Paprikasalat

1 mittelgroße grüne Paprikaschote

1 mittelgroße rote Paprikaschote

1/2 ungeschälter Apfel

Sauce:

5 EL Olivenöl

2 EL Apfelessig

1 Prise Jodsalz + Pfeffer

1. Halbiere die Paprikaschoten und entferne die weißen Samen.

2. Wasche die Paprikahälften, schneide sie in Streifen und gib sie in eine Schüssel.

3. Den gewaschenen Apfel schneidest du in Würfel (ca. 1/2 cm), die du zu den Paprikastreifen gibst.

4. Verrühre Öl, Essig, Salz, Pfeffer und träufle die Sauce über deinen Paprikasalat.

Knackiges Grünzeug

Gurkensalat

1/2 Salatgurke

Sauce:

3 EL Olivenöl

1 EL Apfelessig

1 EL frischer + gehackter Dill

1 Prise Jodsalz + Pfeffer

VARIATION:

Gib 1 EL gehackte frische Minzeblätter und 1/2 TL Akazienhonig dazu.

1. Rühre das Öl mit Essig in einer Tasse an. Am besten geht das mit einem kleinen Schneebesen.

2. Danach kommen Dill, Salz und Pfeffer dazu.

3. Wasche die Gurke, hoble sie oder schneide sie in Stücke.

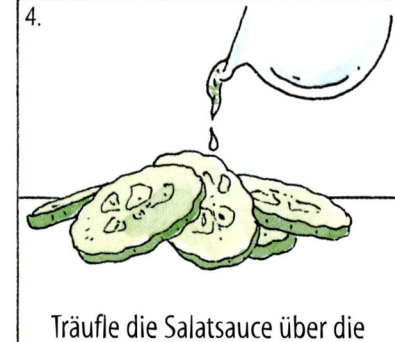

4. Träufle die Salatsauce über die Gurkenscheiben.

Karottensalat

4-5 Karotten

2 Äpfel

Sauce:

150 ml Sahne

1/2 Zitrone ausgepreßt

1 EL Olivenöl

kein Salz!

1. Rasple die gewaschenen Karotten und schneide die Äpfel in Stücke.

2. Vermenge die Saucenzutaten mit den Karotten und Apfelwürfeln.

Kopfsalat

1/2 Kopfsalat

Sauce:

3 EL Olivenöl

1 EL Apfelessig

1/2 TL Senf

1/2 TL Akazienhonig

1 Prise Jodsalz + Pfeffer

VARIATION:

Diese Salatsauce paßt auch sehr gut zu Feldsalat, Eisbergsalat, Radicchio...

1. Verrühre die Saucenzutaten in einer Tasse miteinander.

2. Träufle die Sauce über den gewaschenen und getrockneten Salat.

Kartoffelsalat

4 mittelgroße Pellkartoffeln

Sauce:
1/2 kleingeschnittene Zwiebel
1/8 l Wasser
1/2 TL Gemüsebrühepulver
2 EL Apfelessig
5 EL Olivenöl
1/2 TL Senf
1/2 TL Akazienhonig
1/4 TL frisch geriebene Muskatnuß
1/2 TL Jodsalz
1/4 TL Pfeffer

ZUM VERFEINERN:
10 gehackte Radieschen/
5 EL Feldsalat/
2 EL Schnittlauchröllchen/
2 EL kleingehackte Petersilie

1. Koche die Kartoffeln mit der Schale bis sie weich sind (ca. 15 Min).

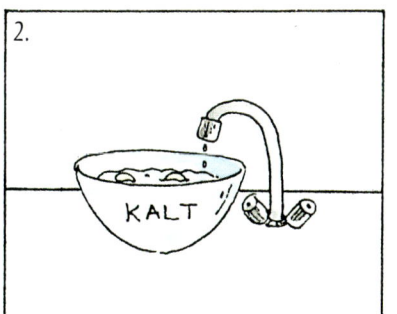

2. Schrecke sie dann mit kaltem Wasser ab und schäle sie.

3. Schneide die Kartoffeln in dünne Scheiben.

4. Verrühre Öl, Essig, Senf, Honig, Muskatnuß, Salz und Pfeffer in einer Tasse.

5. Koche das Wasser mit der Gemüsebrühe und den Zwiebelstückchen einmal kurz auf.

6. Gieße die Salatsauce und das heiße Wasser über die noch warmen Kartoffeln.

7. Verrühre alles miteinander und laß den Salat 5 Minuten ziehen.

Achtung: Durch Lichteinstrahlung werden Kartoffeln grün, es entsteht Solanin, das giftig ist. Deshalb grüne Stellen immer großzügig wegschneiden!

Mayonnaise im Kartoffelsalat schmeckt auch ganz toll, besonders - aber eigentlich nur - wenn du sie selbst frisch machst. Schau' mal auf Seite 28.

Knackiges Grünzeug

Kartoffel-Karotten-Suppe

Obendrauf die Kerbelblätter, das schmeckt nicht nur toll, sondern sieht auch gut aus.

Das brauche ich für 2 Portionen:

- 200 g Pellkartoffeln (noch warm)
- 100 g Karotten
- 1/2 Liter Wasser
- 30 g Butter
- 50 ml Sahne
- 1 TL Kerbelblätter
- 1/2 TL Jodsalz

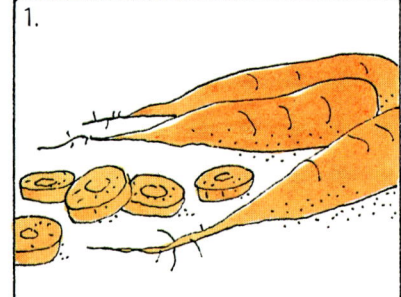

1. Wasche die Karotten und schneide sie in ca. 1/2 cm dicke Scheiben.

2. Koche die Karotten ca. 5 Minuten im Wasser weich.

3. Schäle die schon zuvor gekochten Kartoffeln und viertle sie.

4. Gib alles (die Karotten mit dem Kochwasser) in den Mixer und püriere es fein.

Macht dem Kohldampf Beine

Lauchsuppe

Das brauche ich für 2 Portionen:

1 Lauchstange
1/2 Zwiebel
30 g Butter
1/4 Liter Wasser
1/4 Liter Sahne
1 TL Gemüsebrühepulver
1/2 TL Jodsalz
1/2 TL Pfeffer

1. Halbiere die Lauchstange und wasche sie gut.
2. Schneide den Lauch in Streifen und die Zwiebel klein.
3. Erhitze die Butter in einer Pfanne und glasiere darin das Gemüse (ca. 1 Minute).
4. Mit Wasser auffüllen, die Gemüsebrühe einrühren und einmal aufkochen lassen.
5. Stelle die Herdplatte auf die mittlere Stufe und gieße die Sahne in die Pfanne.
6. Laß alles nochmals 3 Minuten kochen und gib zum Schluß noch Salz und Pfeffer dazu.

Macht dem Kohldampf Beine

Nudeln alias Pasta

Das brauche ich für 2 Portionen:
- 100 g Weizen
- 100 g Weizenmehl Type 1050
- 2 EL Grieß
- 2 Eier
- 3 EL Olivenöl
- 1/2 TL Jodsalz

Zu diesen Nudeln gibt es die Tomatensauce und einen frischen grünen Salat.

Beim Nudel-ABC:

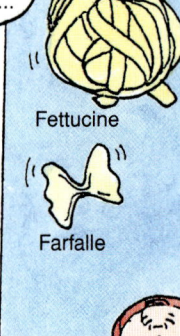

Die beste gekaufte Nudel ist natürlich die italienischen Pasta. Die wird nur aus Wasser und... ...Hartweizengrieß hergestellt. Jede Pasta hat ihren eigene Namen. Kennt ihr die...

— Mensch, aufhören, ich bin eh' so hungrig!
— Oh, ja, Lasagne.

Fettucine, Girandole, Rigatoni, Farfalle, Gobbetti, Ravioli, Pennette

Macht dem Kohldampf Beine

1. Mahle die Weizenkörner mit der Getreidemühle fein.

2. Vermische dann das Mehl mit allen Zutaten.

3. Laß den in Backpapier eingewickelten Teig 1/2 Stunde im Kühlschrank ruhen.

4. Rolle den nochmals durchgekneteten Teig dünn aus und schneide ihn in Streifen (1/2 cm).

5. Die Streifen müssen mindestens eine Stunde trocknen.

6. Nimm einen großen Topf mit Wasser (2 l) und warte bis das Wasser kocht.

7. Gib ein paar Tropfen Öl und eine Prise Salz dazu.

8. Jetzt kommen die Nudelstreifen in das kochende Wasser.

9. Gieße die Nudeln nach ca. 2 Min. in ein Nudelsieb ab und gib sie in eine eingebutterte Schale.

Also ehrlich gesagt, braucht man für diese Nudeln ganz schöne Muckies. Meine Tante Erna meinte dazu 'Na, dann nimm halt eine Nudelmaschine'. Und was sag' ich euch: Einfach irre.

Macht dem Kohldampf Beine

Lasagne

Das brauche ich für 2 hungrige Kids:

Nudelteig
150 g Weizenmehl Type 1050
100 g Dinkel feingemahlen
50 g Grieß
3 Eier
3/4 TL Jodsalz
5 EL Olivenöl

Gemüse
1 Karotte
1 Zucchini
1/2 Aubergine
1/2 Paprikaschote
3 Tomaten

Gewürze
1 EL Zwiebel
1 Knoblauchzehe
1 TL Thymian
2 TL Oregano
2 TL Rosmarin
3 Salbeiblätter
1/2 Chilischote (ohne Kerne)
1/4 TL Jodsalz
1/4 TL Pfeffer
+ 3 EL Sonnenblumenöl

200 g Emmentaler in Scheiben
1/4 Liter Sahne
50 g Spinatblätter
3 EL Pinienkerne

1. Verknete das Mehl und die restlichen Zutaten miteinander.

2. Laß den in Backpapier gewickelten Teig 20 Minuten ruhen.

3. Rolle den Teig mit dem Nudelholz zu dünnen Platten aus.

Macht dem Kohldampf Beine

4. Koche die Platten kurz im Salzwasser.

5. Wenn die Lasagneplatten oben schwimmen, nimm sie vorsichtig heraus und lege sie zur Seite.

6. Schneide das Gemüse in ca. 1/2 cm große Würfel.

7. Erhitze 3 EL Öl, schwitze die Gewürze kurz an und gib das Gemüse dazu.

8. Jetzt nur noch salzen und pfeffern.

9. Lege eine feuerfeste Form mit einer Schicht Lasagneplatten aus und verteile darauf 1/3 des Gemüses.

10. Nun kommen die Spinatblätter und dünne Käsescheiben darauf.

11. Gieße die Hälfte der Sahne darüber.

12. Die Beschichtung solange wiederholen, bis alle Zutaten aufgebraucht sind.

13. Streue die Pinienkerne darauf und schiebe die Form für 20 Min. bei 200 Grad in das vorgeheizte Rohr.

Viva l'Italia!

Macht dem Kohldampf Beine

Käsespätzle

Das brauche ich für 2 Portionen:

Spätzleteig:

250 g Weizen

3 Eier

1 EL Olivenöl

ca. 175 ml Wasser

1/2 TL Jodsalz

1/4 TL Muskatnuß gerieben

Belag:

150 g geriebenen Emmentaler

50 g geriebenen Butterkäse

50 g Butter

1 Prise Jodsalz

1 Prise Pfeffer

Hektisches Treiben in der Küche läßt Leckeres erahnen, hhm...

"Floo, jetzt räum doch endlich mal deinen Dreck weg!"

"Jaa, nerv' mich nicht."

"Is' schon genug Käse?"

Macht dem Kohldampf Beine

1. Mahle den Weizen mit der Getreidemühle fein.

2. Gib das Mehl mit allen Zutaten in eine Schüssel und rühre mehrmals kräftig um.

3. Bringe den Topf mit Wasser und einer Prise Salz zum Kochen.

4. Nun füllst du den Teig in ein Spätzlesieb und rührst ihn mit einem Kochlöffel in das kochende Wasser.

5. Steigen die Spätzle im Topf auf, sofort mit einer Kelle herausnehmen und in eine Schüssel geben.

6. Wiederhole diesen Vorgang solange, bis der Spätzleteig aufgebraucht ist.

7. Erhitze die Butter in einer Pfanne.

8. Nun kommen noch die Spätzle hinein.

9. Hebe den Käse unter, Salz und Pfeffer dazu – das war's.

Wotan! Bettle nicht dauernd, du wirst zu fett!

Ich fang mal an, den Salat zu waschen...

...dann deck' ich mal wieder den Tisch.

Macht dem Kohldampf Beine

Kartoffelgnocchi

Das brauche ich für 2 Portionen:

450 g mehlige Kartoffeln
50 g Grieß
100 g Weizenmehl Type 1050
2 Eigelb
1 TL Jodsalz
1/2 TL Muskatnuß gerieben
1 Prise Pfeffer
100 g geschmolzene Butter
2 Liter kochendes Wasser

1. Die gekochten und geschälten Kartoffeln drückst Du mit dem Kartoffelstampfer zu Brei.

2. Dann werden alle Zutaten in die Kartoffelmasse gerührt.

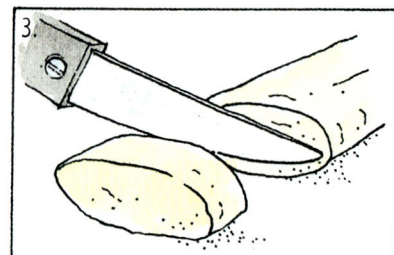

3. Verarbeite den Teig zu kleinen Rollen (3 cm dick), schneide sie in 2 cm lange Stücke und lege sie auf ein bemehltes Brett.

4. Nachdem die Gnocchi ca. 1 Stunde geruht haben, gib sie in das kochende Wasser.

5. Nimm die Gnocchi mit einer Schöpfkelle heraus, wenn sie nach oben steigen.

6. Gib sie gleich in eine Schüssel und übergieße sie mit der geschmolzenen Butter.

Macht dem Kohldampf Beine

Kartoffelgratin

Das brauche ich für 2 Portionen:

400 g Kartoffeln
1 Knoblauchzehe
200 ml Milch
(vermischt mit 1/2 TL Jodsalz
und 1/2 TL geriebene Muskatnuß)
100 g geriebenen Emmentaler
8 feingeriebene Haselnüsse
1/2 TL Jodsalz

1. Halbiere die Knoblauchzehe und reibe damit eine feuerfeste Form aus.

2. Vermische den Käse und die Haselnüsse.

3. Schäle die rohen Kartoffeln und schneide sie in dünne Scheiben.

4. Richte die Scheiben schuppenartig in der Form an und verteile darauf den Käse. Wiederhole alles 2x.

5. Gib das Salz und die geriebene Muskatnuß in die Milch und träufle sie über die Kartoffeln.

6. Erhitze das Backrohr auf 200 Grad und stelle das Gratin für 30 Minuten hinein.

Macht dem Kohldampf Beine

Gemüse-Reis-Pfanne

Das brauche ich für 2 Portionen:

- 100 g ungeschälten Naturreis
- 400 ml Wasser
- 1 TL Gemüsebrühepulver
- 1 Zwiebel
- 1 Paprikaschote
- 1 Zucchini
- 2 Karotten
- 5 EL Olivenöl
- 2 Tomaten
- 3 EL Petersilie
- 1 EL Kerbel
- 1/2 TL Jodsalz
- 1 Prise (!) Cayenne-Pfeffer
- 1 Prise Pfeffer

Flac will es genau wissen...

Vollkornreis, der auch Naturreis genannt wird, ist bräunlich. Die einzelnen Körner sind von einem silbrigen glänzenden Häutchen umgeben. Dieses Silberhäutchen enthält Eiweiß, Fett und wichtige Vitamine. Vollkornreis ist daher besonders wertvoll für unsere Ernährung.

REIS
- EIWEISS
- FETT
- VITAMINE

REISFELD

48 *Macht dem Kohldampf Beine*

1. Bringe 200ml Wasser zum Kochen.

2. Gib nun den Reis dazu und köchle ihn 5 Minuten bei mittlerer Temperatur.

3. Stelle den Reis zugedeckt zur Seite.

4. Schneide das Gemüse in kleine Würfel (1 cm).

5. Erhitze das Öl in der Pfanne und schwitze das Gemüse darin an.

6. Gieße den Reis mit dem restlichen Wasser und der Gemüsebrühe in die Pfanne.

7. Laß alles ca. 15 Minuten köcheln.

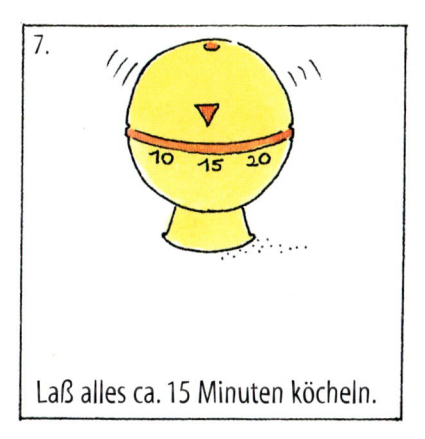

8. In der Zwischenzeit schneidest du die Tomaten in Stücke.

9. Nimm die Pfanne vom Herd, gib die Tomaten, kleingehackte Petersilie und Kerbel dazu.

10. Nun alles 3 Minuten ziehen lassen - nicht mehr kochen!

11. Zum Schluß gibst du Salz und Pfeffer dazu und fertig ist dein Gemüsereis.

Macht dem Kohldampf Beine 49

Semmelauflauf mit Champignonrahmsauce

Das brauche ich für den Auflauf:
4 alte Vollkornbrötchen
2 Eier
350 ml Milch
1/2 Zwiebel
2 EL Kerbel
2 EL Petersilie
50 g Butter
1/2 TL Jodsalz
1/4 TL Pfeffer

Das brauche ich für die Sauce:
250 g Champignons
50 g Butter
Saft einer halben Zitrone
1/4 Liter Sahne
1/2 TL Jodsalz
1/4 TL Pfeffer

Nach dem Essen...

— Einfach mega!
— Echt cool!
— Wow, haben wir das heut' wieder toll gemacht!

Semmelauflauf:

1. Schneide die Brötchen in Scheiben.

2. Gib die kleingeschnittenen Zwiebeln in die Milch.

3. Rühre die Eier, die gehackten Kräuter, Salz und Pfeffer in die Milch.

4. Vermische alles mit den Brötchen und gib die Masse in eine ausgebutterte Form.

5. Obenauf verteilst du Butterflocken und stellst den Auflauf für 20 Minuten bei 200 Grad ins Rohr.

Champignonrahmsauce:

1. Pilze mit einem Tuch säubern und in Scheiben schneiden.

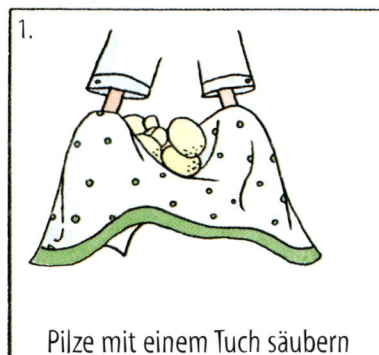

2. Erhitze die Butter in der Pfanne und brate die Pilze ca. 1 Minute an.

3. Gib den Saft der Zitrone und die Sahne dazu, laß alles 3 Minuten weiterkochen.

4. Schmecke zum Schluß die Sauce mit Salz und Pfeffer ab.

> Ein Super-Geschenk - selbstgetrocknete Pilze! Verwende nur frische und feste Pilze, putze sie, schneide sie in Scheiben und breite sie - ungewaschen - auf einem Drahtsieb o.ä. aus. An einem kühlen, schattigen Platz läßt du sie trocknen. Leg' sie in einen Baumwollbeutel, den du lustig bemalen kannst.

Macht dem Kohldampf Beine

Vollkornhackbraten

Das brauche ich für 1 Pastetenform:

200 g Dinkel
50 g Dinkel geschrotet
1/4 Liter Wasser
1 Zwiebel
2 Knoblauchzehen
2 EL Petersilie
1 EL Thymian
1 EL Rosmarin
1 EL Majoran
2 Eier
3 eingeweichte Brötchen
7 EL Olivenöl
20 g Butter
1 TL Jodsalz
1/2 TL Pfeffer

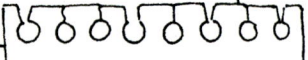

Das brauche ich für die Sauce:

1 Zwiebel
1 Knoblauchzehe
1 EL Thymian
1 EL Rosmarin
2 Tomaten
1 rote Paprikaschote
1/4 Liter Wasser
1/8 Liter Sahne
1 TL Gemüsebrühepulver
5 EL Olivenöl

1. Schäle die Zwiebel, schneide sie klein und ziehe die Schale von den Knoblauchzehen ab.

2. Erhitze das Öl in der Pfanne und schwitze die Zwiebel an.

3. Gib den mit der Knoblauchpresse zerquetschten Knoblauch und die gehackten Kräuter dazu.

Macht dem Kohldampf Beine

4. Schütte die gemahlenen Dinkelkörner und das Wasser hinein.

5. Laß alles kurz köcheln und dann etwas auskühlen.

6. Drücke das Wasser aus den Brötchen, gib sie und die Eier in die Masse.

7. Verrühre alles gut, schmecke mit Salz und Pfeffer ab.

8. Buttere eine Pastetenform aus und gib die Masse hinein.

9. Ab ins Backrohr bei 200 Grad und nach 30 Minuten ist dein Hackbraten fertig.

...und jetzt machen wir die Sauce:

1. Hacke Zwiebel, Knoblauch, Thymian und Rosmarin fein.

2. Viertle die Tomaten und schneide die Kerne heraus.

3. Wasche die Paprika und schneide sie in kleine Würfel.

4. Schwitze jetzt alles in Öl an und gieße Wasser und Sahne dazu.

5. Nun noch die Gemüsebrühe, Salz und Pfeffer hinein - 1x aufkochen lassen und fertig!

Macht dem Kohldampf Beine 53

Rosmarin-Hähnchenkeule mit Bratkatoffeln

Das brauche ich für 2 Portionen:

2 Hähnchenkeulen
1 Zweig Rosmarin
1 Knoblauchzehe
5 EL Sonnenblumenöl
3 EL warmes Wasser
1/2 TL Jodsalz
1/4 TL Pfeffer

WICHTIG:
1 Pfanne mit Deckel

Für die Bratkartoffeln:
4 rohe Kartoffeln
2 EL Sonnenblumenöl
20 g Butter
1/4 TL Jodsalz
1/4 TL Muskatnuß gerieben
1 Prise Pfeffer

1.  Schäle die Kartoffeln und schneide sie in dünne Scheiben.

Bratkartoffeln:

2. Erhitze Öl und Butter in der trockenen(!) Pfanne.

3. Jetzt gibst du die Kartoffelscheiben in die Pfanne.

4. Schön braun anbraten lassen und dann würzen.

Macht dem Kohldampf Beine

Hähnchenkeule:

1. Wasche die Hähnchenkeulen.

2. Zerdrücke den Knoblauch und gib ihn mit Salz und Pfeffer in das Öl.

3. Jetzt bestreichst du die Keulen mit dem Ölgemisch.

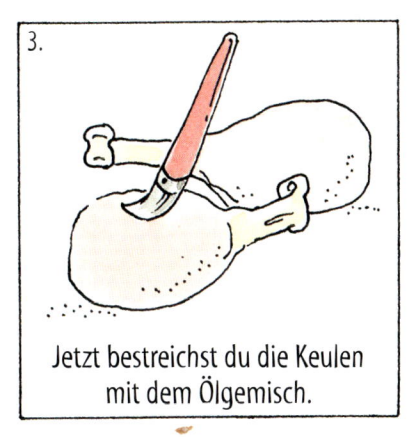

4. Streue nun die Rosmarinblätter auf die Keulen.

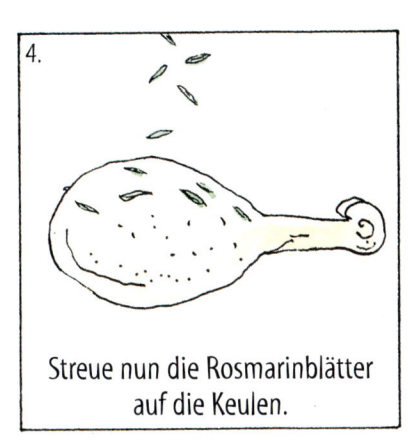

5. Erhitze etwas Öl in der Pfanne und brate die Keulen an.

6. Stelle die Herdplatte zurück und verschließe die Pfanne mit einem Deckel.

7. Gieße nach 5 Min. das warme(!) Wasser über die Keulen.

8. Die Hähnchenkeulen sind nach ca. 25 Minuten fertig.

Endlich zuhause...

Macht dem Kohldampf Beine 55

Kotelett mit Kräutersauce

Das brauche ich für 2 Portionen:

- 2 Koteletts (vom Schwein oder Lamm)
- 1 zerdrückte Knoblauchzehe
- 1 Zwiebel
- 30 g Butter
- 1/4 Liter handwarmes Wasser (mit
- 1 TL Gemüsebrühepulver verrührt)
- 1 Prise Jodsalz
- 1 Prise Pfeffer

Kräutersauce:
- 1 EL Basilikum
- 1 EL Petersilie
- 1 EL Dill
- 1/2 TL Jodsalz
- 1/4 TL Pfeffer

1. Reibe die gewaschenen Koteletts mit Salz, Pfeffer und dem zerdrückten Knoblauch ein.

2. Erhitze die Butter in der Pfanne und brate die Koteletts bei mittlerer Hitze an.

3. Schneide die Zwiebel klein und gib sie in die Pfanne.

4. Nach dem Anschwitzen der Zwiebel lösche alles mit dem Wassergemisch ab.

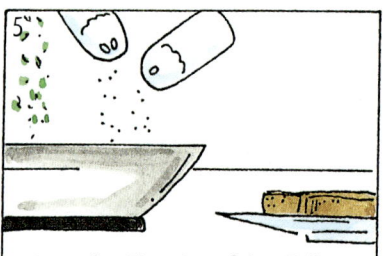

5. Lege das Fleisch auf den Teller, dann gib die gehackten Kräuter, Salz und Pfeffer in die Sauce – nicht mehr kochen!

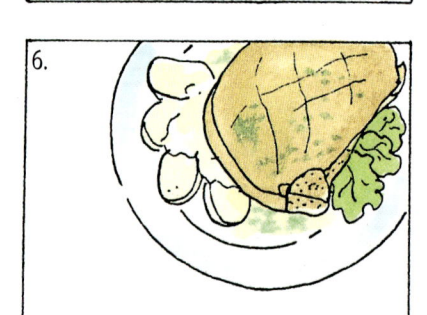

6. Verteile die Kräutersauce nun über die Koteletts. Ganz toll dazu schmeckt das Kartoffelgratin.

Macht dem Kohldampf Beine

Seezunge mit Zitronenbutter

Das brauche ich für 2 Portionen:

2 Seezungenfilets
Saft einer Zitrone
80 g Butter
1 EL Weizenmehl Type 1050
4 EL Sonnenblumenöl
1/4 TL Jodsalz
1 Prise Pfeffer

1. 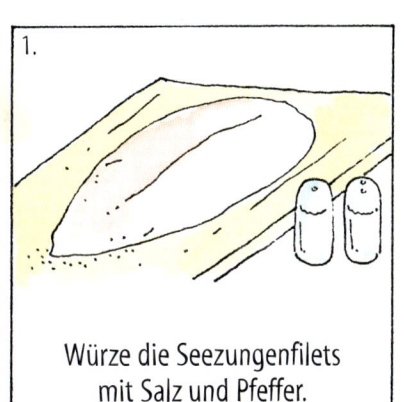 Würze die Seezungenfilets mit Salz und Pfeffer.

2. Streue etwas Mehl auf beide Seiten der Seezunge (mehlieren).

3. Erhitze das Öl in der Pfanne.

4. Brate die Filets in dem heißen Sonnenblumenöl von beiden Seiten schön an.

5. Zum Schluß gibst du die Butter und den Saft der Zitrone dazu. (Probiere dazu den Kartoffelsalat.)

Macht dem Kohldampf Beine

Pfannkuchen in Variationen

Das brauche ich für 2 süße Pfannkuchen:

2 Eier
6 EL Weizenmehl Type 1050
4 EL Milch
30 g Butter
1 TL Schale einer ungespritzten Orange
1 EL Akazienhonig
1 Prise Bourbonvanille
1 Prise Jodsalz
6 EL deines Lieblingsobstes
oder
2 Kugeln deines Lieblingseises

Das brauche ich für 2 herzhafte Pfannkuchen:

2 Eier
6 EL Weizenmehl Type 1050
4 EL Milch
2 EL Sonnenblumenöl
20 g Butter
1 Prise Jodsalz
2 TL Creme fraiche
6 EL deines Lieblingsgemüses
50 g geriebenen Käse

58 *Macht dem Kohldampf Beine*

1. Schlage die Eier mit einem Schneebesen schaumig.

2. Gib Mehl, Milch, Salz und Honig dazu.

3. Erhitze Öl und Butter in der Pfanne und gieße den halben Teig hinein.

4. Verteile nun das kleingeschnittene Gemüse darauf, gib 1 TL Creme fraiche und den Käse dazu.

5. Heize das Backrohr auf 200 Grad vor, stelle die Pfanne hinein. Nach 10 Minuten ist dein Pfannkuchen fertig – Vorsicht heiß!

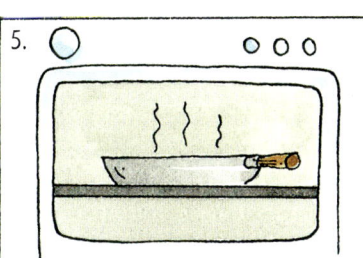

6. Hole den Pfannkuchen aus der Pfanne, klappe ihn um und richte ihn schön auf einem Teller an.

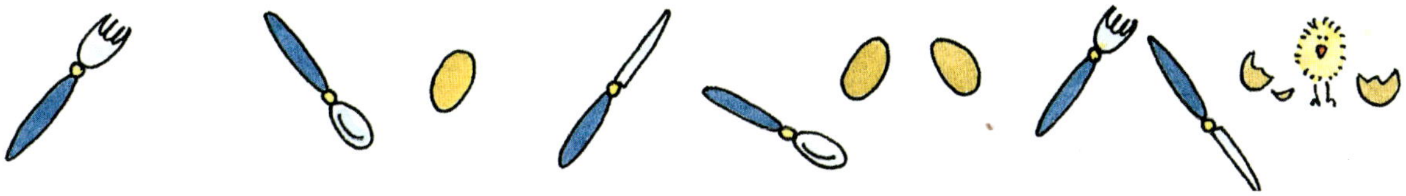

So, jetzt gibt's einen leckeren, süßen Pfannkuchen:

1.  Gib zum obigen Grundteig die Orangenschale, den Honig und die Vanille dazu.

2. Erhitze die Butter in der Pfanne und gieße den halben Teig hinein.

3. Auch hier kommt die Pfanne für ca. 10 Min. in das Backrohr. Vorsicht beim Herausnehmen!

Ich eß' meinen Pfannkuchen einmal mit Puderzucker, dann wieder mit frischem Obst, sehr oft mit Eis und manchmal schmeiß ich alles zusammen drauf – quatsch: ich richte es schöön an.

Macht dem Kohldampf Beine 59

Dampfnudeln & Vanillesauce

Das brauche ich für die Dampfnudeln:

150 g Weizenmehl Type 1050

100 g Weizen

100 ml Milch (handwarm)

15 g Frischhefe

2 EL Akazienhonig

50 g weiche Butter

2 Eigelb

1/2 TL geriebene Zitronenschale

1 Prise Jodsalz

4 EL Butter

Das brauche ich für die Sauce:

1/4 Liter Milch

1/4 Liter Sahne

1 Vanillestange

5 Eigelb

100 g Akazienhonig

1. Halbiere die Vanillestange und kratze das Vanillemark heraus.

2. Koche Milch und Sahne kurz auf, gib die Stangen und das Mark dazu, stelle den Topf zur Seite.

3. Schlage mit dem Schneebesen das Eigelb mit dem Honig schaumig.

4. Topf zurück auf den Herd, Vanillestange herausnehmen und das Eigelb einrühren.

5. Köcheln lassen und dabei die Sauce ständig umrühren, bis sie dicklich geworden ist.

Was Süßes geht immer

Dampfnudeln:

1. Verrühre in einer Schüssel die Milch, die zerbröckelte Hefe und den Honig.

2. Nun kommen die weiche Butter, das Salz, die Zitronenschale dazu.

3. Vermische die frisch gemahlenen Körner und das Mehl mit der Flüssigkeit.

4. Schlage den Teig so lange mit dem Kochlöffel, bis sich der Teig von der Schüssel löst.

5. Laß den Teig an einem warmen Ort gehen.

6. Nach 20 Minuten knetest du den Teig 3 Minuten durch.

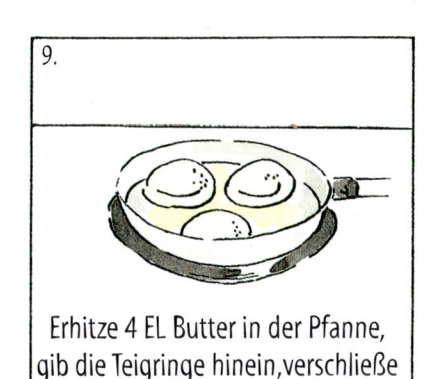

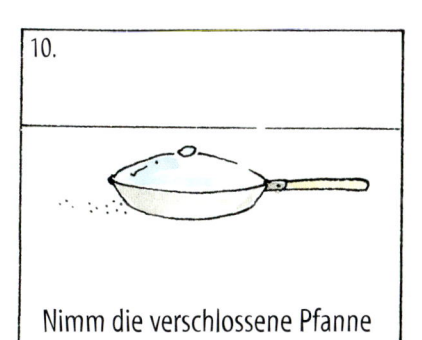

7. Rolle den Teig auf einem bemehlten Brett 2 Finger dick aus.

8. Steche aus dem ganzen Teig mit einem Wasserglas Ringe aus.

9. Erhitze 4 EL Butter in der Pfanne, gib die Teigringe hinein, verschließe die Pfanne mit dem Deckel.

10. Nimm die verschlossene Pfanne vom Herd und laß die Dampfnudeln nochmals 10 Minuten gehen.

11. Bei 150 Grad kommen die Dampfnudeln 30 Minuten in das Backrohr.

12. Richte die fertigen Dampfnudeln auf einem tiefen Teller an und gieße die Vanillesauce darüber.

Was Süßes geht immer

Erdbeerkuchen

Das brauche ich:

Teig

200 g Dinkel

100 g Butter

1 Eigelb

1 TL geriebene Zitronenschale

3 EL Akazienhonig

1 Prise Jodsalz

Belag

500 g Erdbeeren

2 EL Akazienhonig

1 EL Agar-Agar

1/4 l frisch gepreßten Orangensaft

In der Zwischenzeit...

Was ist denn A-g-a-r A-g-a-r??

Ganz einfach: Ihr kennt doch Gelatine. Die wird aus Tierabfällen wie Knochen oder Sehnen hergestellt...

...in unserer Küche verwenden wir lieber ein pflanzliches Geliermittel. Agar-Agar sind getrocknete, pulverisierte Meeresalgen, die keinen Eigengeschmack haben. Obendrein sind sie natürlich jodhaltig. Also rundherum ideal.

Was Süßes geht immer

1. Mahle den Dinkel mit der Getreidemühle auf feinster Stufe.

2. Vermische alle Teigzutaten und knete sie leicht.

3. Stelle den eingewickelten Teig 1/2 Std. in den Kühlschrank.

4. Buttere eine Kuchenform gut aus, damit der Teig nicht festklebt.

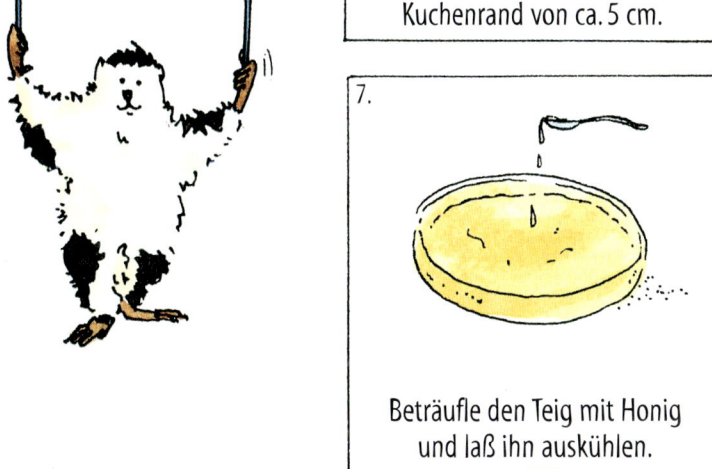

5.  Gib den Teig in die Kuchenform und achte auf einen Kuchenrand von ca. 5 cm.

6. Schiebe den Teig bei 200 Grad 20 Minuten ins Backrohr.

7. Beträufle den Teig mit Honig und laß ihn auskühlen.

8. Belege anschließend den abgekühlten Teig mit den halbierten Erdbeeren.

9. Rühre den Orangensaft mit Agar-Agar an und koche ihn 1/2 Min.

10. Süße die Saftmasse mit Honig und verteile sie dann gleichmäßig über die Erdbeeren.

Was Süßes geht immer

Rhabarberkuchen

Das brauche ich:

Teig
150 g Weizen
50 g Dinkel
50 g Butter
100 g Honig
1 Eigelb
1 TL geriebene Zitronenschale
1 Prise Jodsalz

Belag
5 Stangen Rhabarber
3 Eier
200 g Sahne
130 g Honig
8 gehackte Walnüsse

1. Mahle Weizen und Dinkel mit der Getreidemühle auf feinster Stufe.

2. Vermische alle restlichen Teigzutaten miteinander.

3. Stelle den Teig für 1/2 Stunde in den Kühlschrank, denn dann wird er schön geschmeidig.

Was Süßes geht immer

4. Fette eine Springform gut ein.

5. Gib den Teig in die Kuchenform und achte auf einen Kuchenrand von 5 cm.

6. Putze den Rhabarber und schneide ihn in 2 cm lange Stücke.

7. Verteile den Rhabarber und die gehackten Walnüsse auf dem Teig.

8. Die Kuchenform kommt nun bei 200 Grad für 10 Minuten in das Backrohr.

9. Vermenge die Eier, den Honig und die Zitronenschale mit der Sahne.

10. Gieße alles über den vorgebackenen Kuchen und schiebe ihn für weitere 20 Minuten ins Rohr.

Vormittags in der Schule...

— Wie erkennt ihr ein frisches Ei?

— Je älter das Ei ist, desto besser schwimmt es...

Frisches Ei: Das Ei sinkt im Wasser nach unten.

Nach 7 Tagen: Das Ei richtet sich im Wasser auf.

Nach 4 Wochen: Das Ei schwimmt oben.

Was Süßes geht immer 65

Schokoladenkuchen

Das brauche ich für eine Kastenform:

200 g Weizen oder Dinkel

100 g weiche Butter

2 Eier

100 g Sonnenblumenhonig

geriebene Schale 1/2 Zitrone

1/2 Päckchen Weinsteinpulver

350 g Zartbitter-Kuvertüre

3 EL Wasser

50 g geriebene Haselnüsse

---

1. Schlage die Eier in einer Schüssel schaumig und gib die Butter dazu.

2. Rühre den Honig, das frisch gemahlene Mehl, die Zitronenschale und das Backpulver ein.

3. Jetzt kommen die Nüsse und 250 g Kuvertüre, die du zuvor mit Wasser geschmolzen hast, dazu.

4. Buttere die Kastenform aus und fülle den Kuchenteig hinein.

5. Laß den Kuchen nun bei 190 Grad ca. 40 Minuten im Rohr backen.

6. Den ausgekühlten Kuchen bestreichst du mit der flüssig gemachten restlichen Kuvertüre.

Was Süßes geht immer

Schokocreme

Das brauche ich für 2 Schleckermäuler:

300 g Zartbitter-Kuvertüre

300 ml Wasser

3 EL Agar-Agar

1. Vermische das Agar-Agar-Pulver mit dem Wasser in einem Topf, so daß keine Klümpchen entstehen.

2. Stelle den Topf auf den Herd und gib die zerkleinerte Kuvertüre dazu.

3. Rühre alles bei mittlerer Hitze bis die Schokolade geschmolzen ist.

4. Gieße die Creme zum Auskühlen in eine Schüssel (stelle sie nicht in den Kühlschrank!).

Was Süßes geht immer

Candle-Light-Diner
FEBRUAR
14.
DONNERSTAG
Uff, das war ja mal wieder ein Schultag.
Habt ihr noch was vor?
Nö...
Valentinstag
14.02.
Welcher Tag ist heute?
Donnerstag...
...der 14. Feb...
VALENTINSTAG!!!
Mist, wir wollten unsere Oldies doch mit einem tollen Essen überraschen.
LIVE
1. MÄRZ
Jetzt werd' nicht gleich hektisch, wir haben doch den ganzen Nachmittag Zeit!
Bei Flic und Floo...
Wie wär's mit Lasagne?
Nee, lieber Kartoffelauflauf.
Hähnchen wär' gut, dann stöhnt meine Mama nicht wieder wegen der Figur.
Unsere mögen lieber Lamm.
Was denn nun?
Später beim Einkaufen...
Wir telefonieren.
Das wäre geschafft.
Ich bin geschafft!

Ciao und gutes Gelingen.

Klaro, Chefköfin.

Bleibt eh wieder alles an mir hängen.

Am Abend...

Mensch, war das 'ne Ochsentour. Eh, sie kommen - also bis morgen.

...ich hab' soviel Schoko-Aimer genascht -mir ist ganz schlecht- und noch keine Eltern in Sicht.

Unsere Eltern waren begeistert. So ein 'Candle-Light-Diner' ist nicht nur am Valentinstag eine gute Idee. Einfach mal ausprobieren.

Viel Spaß

Candle-Light-Diner für Mama und Papa:

Kartoffelsüppchen

Zucchini-Carpaccio

Lammkotelett in Kräutersauce + Kartoffelgratin

Schoko-Aimer

Flic Flac Floo laden ein

Zucchini-Carpaccio

Das brauchen wir:
- 1 Zucchini
- 1/2 Zitrone
- 1 Prise Jodsalz + Pfeffer
- 2 EL Olivenöl
- 1 EL Pinienkerne
- 30 weiße, halbierte Weintrauben
- 60 g Sahne-Gorgonzola
- 100 g Creme fraiche
- 1 EL Schnittlauchröllchen

Und so wird's gemacht:

1. Wasche die Zucchini und schneide sie in ganz dünne Scheiben.
2. Richte die Scheiben schuppenartig auf großen Tellern an.
3. Gib das Öl, den Saft der Zitrone, Salz und Pfeffer in eine Tasse.
4. Bestreiche die Zucchinischeiben mit diesem Ölgemisch.
5. Erhitze eine Pfanne und brate die Pinienkerne - ohne Öl - etwas an.
6. Verteile die Pinienkerne über die Zucchinischeiben und garniere den Teller mit den Weintrauben.
7. Vermenge den Gorgonzola mit der Creme fraiche.
8. Gib 1 EL der Creme fraiche-Mischung auf die Mitte des Tellers und bestreue sie mit Schnittlauch.

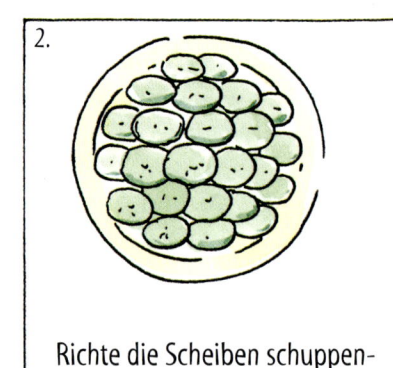

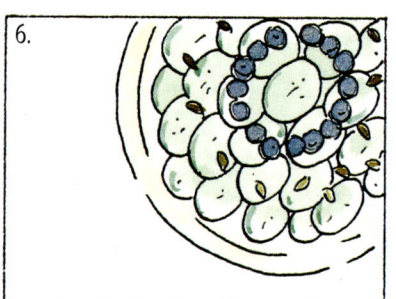

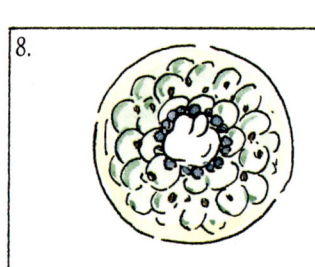

Karottensüppchen
- schau' auf Seite 38 -
Beachte dabei:
Nimm statt der Kartoffeln nur die Karotten, also 300 g.

Lammkotelett
- schau' auf Seite 56 -

und

Kartoffelgratin
- schau' auf Seite 47 -

Schoko-Aimer
- schau' auf Seite 67 -
Beachte dabei:
Gib noch 1 Eßlöffel Akazienhonig in die Kuvertüre.

Flic Flac Floo laden ein

FLIC FLAC FLOO goes Internet

Das ist euer direkter Draht zu Flic Flac & Floo. Habt ihr Probleme mit den Rezepten oder eine Frage an Hermann Pflaum? Findet ihr die Zutaten nicht oder seid ihr einfach neugierig auf einen Geschmackstest?

Dann könnt ihr Flic Flac & Floo jederzeit erreichen unter http://www.flicflacfloo.de

Ein Kräuterjahr

Im Frühling: junge Wilde sammeln

Wer auf dem Land lebt oder einen Ausflug macht, kann auf Wiesen und Weiden (aber nicht am Feldrain - Pflanzenschutzmittel! - und auch nicht an der Straße - Autoabgase! -) nach Kräutern suchen, die dort wild wachsen, also nicht angepflanzt wurden. Bevor der Löwenzahn blüht, die Brennessel beißt und der Sauerampfer ledrig wird, ist die beste Zeit zum Sammeln; jetzt sind die Wildkräuter noch zart. Wichtig: Nur mitnehmen, was du kennst. Wenn du dir ein Butterbrot getrennt mit verschiedenen Kräutern belegst, kannst du am besten herausfinden, wie was schmeckt.

Aus einer größeren Menge Wildkräuter läßt sich auch ein Salat machen. Für die Sauce 3 EL Haselnußöl, 1 EL Apfelessig, 1/2 TL Akazienhonig, je eine Prise Jodsalz und Pfeffer verrühren. Gewaschene und zerkleinerte Kräuter unterrühren.

Bärlauch — Wegerich — Löwenzahn — Sauerampfer
Majoran — Minze — Brennessel — Huflattich

Im Sommer: mit Blüten träumen

Wer behauptet, Kräuter seien immer grün? Jetzt entfalten Gartenkräuter wie Kapuzinerkresse und Borretsch, Ringelblume und Weinraute, Rosmarin und Basilikum, Lavendel und Thymian ihren Blütenzauber. Wer keinen Garten hat, kann diese Kräuter auch auf Märkten finden oder sich - wie im Winter - ein Kräutergärtchen am Fensterbrett anlegen. Die Blüten sind nicht nur hübsch anzusehen, sondern auch eßbar. Sparsam über Salate, Vorspeisen, Kaltschale streuen oder ein Glas Saft damit schmücken.

Mehr zum Thema Wildkräuter unter http://www.flicflacfloo.de

Kräuterdschungel

Im Herbst: Duft und Aroma schützen

Jetzt ist es an der Zeit, die letzten Kräuterschätze aus dem Garten haltbar zu machen, damit du Vorrat für den Winter hast. Zitronenmelisse, Majoran, Thymian, Bohnenkraut und Lavendel lassen sich trocknen, verlieren dabei freilich an Aroma. Dill, Petersilie, Basilikum von den Stielen zupfen, waschen und im Folienbeutel einfrieren; die Blättchen lassen sich gefroren prima zerkrümeln. Schnittlauch in schmale Röllchen schneiden und einfrieren.

Im Winter: Kräutergärtchen anlegen

Damit du auch im Winter Basilikum, Schnittlauch, Kresse und Petersilie frisch hast, was einfach besser schmeckt als getrocknet oder tiefgekühlt, kannst du sie auf der Fensterbank im Töpfchen austreiben. Wie das geht, steht auf dem Samenpäckchen genau drauf. Achtung: Die Petersilie braucht manchmal zwei Monate, bis sich das erste Grün zeigt.

Kräuterdschungel

OBST

Aprikose Juni bis Aug.	 **Äpfel** Jan. bis März	 **Birnen** Aug. bis Dez.	 **Brombeeren** Aug. bis Sept.	 **Erdbeeren** Juli bis Dez.
 **Heidelbeeren** Juli bis Aug.	 **Himbeeren** Juni bis Aug.	 **Holunderbeeren** September	 **Johannisbeeren** Juli bis Aug.	 **Kirschen sauer** Juni bis Aug.
 **Kirschen süß** Juni bis Juli	 **Mirabellen** Aug. bis Sept.	 **Pfirsiche** Juli bis Okt.	 **Pflaumen** Juli bis Aug.	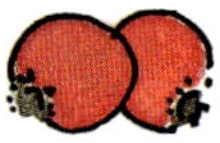 **Preiselbeeren** Juli bis Nov.
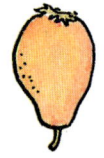 **Quitten** Okt. bis Dez.	 **Stachelbeeren** Juni bis Juli	 **Zwetschgen** Aug. bis Sept.		

> Unsere Biolehrerin hat heute erzählt, daß Kinder täglich(!) mindestens 300 g Obst und 300 g Gemüse essen sollten. Na, da besorg' ich mir gleich mal eine Waage...

Jetzt sind Obst und Gemüse in Hochform

GEMÜSE

Aubergine Juli bis Okt.	 **Blumenkohl** Juni bis Nov.	 **Chicoree** Jan. bis März	 **Feldsalat** Sept. bis März	 **Fenchel** Juli bis Dez.
 **Grünkohl** Dez. bis Febr.	 **Kopfsalat** März bis Nov.	 **Karotten** Juni bis März	 **Porree** Jan. bis Dez.	 **Rosenkohl** Nov. bis Febr.
 **Sellerie** Sept. bis Mai	 **Spargel** April bis Juni	 **Tomaten** Mai bis Okt.	 **Weißkohl** Okt. bis April	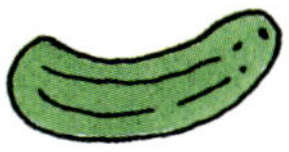 **Zucchini** Juli bis Nov.

> Natürlich ist das hier nur eine Auswahl an Saisongemüse. Obst- und Gemüsesorten, die reif und günstig sind, kannst du unter http://flicflacfloo.de nachsehen oder auch am Gemüsestand erfragen.

> Ich mach mir meinen ganz persönlichen Kalender für mein Lieblingsobst und -gemüse.

Jetzt sind Obst und Gemüse in Hochform

Zutaten von A-Z:

Agar-Agar* ...ist ein Geliermittel aus Meeresalgen, also rein pflanzlich, und hat von Natur aus einen hohen Jodanteil. Deshalb sollten Kinder pro Tag höchstens 3 Teelöffel oder 10 g verzehren.

Alfalfa* ...Die „Königin der Sprossen" - wie sie von Kennern bezeichnet wird - ist auch unter dem Namen Luzerne bekannt. Im Wuchs ist ihr Keim der Kresse ähnlich, aber milder im Geschmack. Alfalfa-Sprossen sind äußerst Vitamin-C-reich.

Akazienhonig* ...bleibt dank seines natürlich hohen Fruchtzuckergehaltes lange flüssig und eignet sich wegen seines milden Geschmacks hervorragend zum Süßen von Tee, Kuchen, kalten Speisen.

Apfelessig* ...wird aus der Gärung von Äpfeln gewonnen und gilt als sehr gesund. Essig entsteht fast von selbst: Läßt man den frischgepreßten, rohen Apfelsaft in Flaschen gefüllt, verschlossen, luftig und nicht allzu kalt stehen, finden sich schnell Essigbakterien ein. Generell gilt: Essig ist nicht unbegrenzt haltbar. Er sollte kühl und dunkel aufbewahrt werden und immer gut verschlossen sein, sonst wird er trüb oder schleimig (es bildet sich die sogenannte Essigmutter). Essig nur in Glasgefäßen aufbewahren. In Metall-, Keramik- und Emaillegefäßen kann die Essigsäure gesundheitsschädliche Metallsalze aus den Gefäßen lösen.

Balsamicoessig ...ist eine Spezialität und für viele der feinste aller Essigsorten. Das Rezept stammt ursprünglich aus den italienischen Provinzen Modena und Reggio Emilia. Der Essig wird aus Traubenmost hergestellt und muß mindestens zwölf Jahre in Holzfässern reifen.

Berglinsen* ...sind klein, rundlich und nach dem einem Berg in Frankreich benannt, an dessen Hängen sie auch heute noch angebaut werden (Puy-Linsen). Sie schmecken viel besser als die üblichen flachen Tellerlinsen. Linsen liefern pflanzliches Eiweiß, Vitamine und Eisen.

Bourbonvanille ...Echte Bourbonvanille wird auch „Königin der Gewürze" genannt. Vanille ist eine tropische Kletterpflanze, die zur Familie der Orchideen gehört. Der übliche fertige Vanillinzucker ist synthetisch hergestellt.

Dinkel* ...wird auch Spelz genannt und ist der „Urahn" des Weizens. Dinkel wächst und gedeiht nur auf einem nicht-gedüngten Boden. Auch auf Autoabgase und sonstige Umweltbelastungen reagiert er sehr empfindlich.

Distelöl ...ist mild und neutral im Geschmack, hat von allen Pflanzenölen den höchsten Anteil an ungesättigten Fettsäuren. Generell bei Öl darauf achten, daß es kaltgepreßt und nicht raffiniert ist (steht auf der Verpackung). Denn raffinierte Öle werden bei einer Temperatur über 60 Grad gepreßt. Dabei treten auch unerwünschte Inhaltsstoffe aus, von denen das Öl anschließend chemisch gereinigt werden muß. Kaltgepreßtes Öl immer kühl, dunkel und nicht zu lange aufbewahren.

Gemüsebrühepulver* ...ist besser als der herkömmliche Brühwürfel, der aus Fleisch- und Knochenabfall hergestellt wird.

Grünkern* ...Für den schmackhaften Grünkern wird der Dinkel in der Milchreife geerntet, bevor die Körner voll ausgereift sind. Um die milchigen Getreidekörner hart und haltbar zu machen, wird er bei uns mit Buchenholzrauch gedarrt (schwach geröstet) und erhält dadurch seinen typischen würzigen Geschmack. Grünkern ist leichter verdaulich als alle anderen Getreidekörner.

Hafer* ...enthält - im Vergleich der Getreidesorten - am meisten Fett (mit der lebenswichtigen Linolsäure). Hafer besitzt eine Vielfalt von heilenden Wirkungen und gilt außerdem noch aufgrund seines hohen Mineralstoffgehaltes (Natrium, Kalium, Kalzium, Phosphor, Magnesium, Fluor, Zink, Jod, Mangan, Kupfer u.a.) als beste Nahrung für Ausdauersportarten. Hafer liefert darüber hinaus viele wichtige Vitamine (u.a. Karotin, Niacin, Vitamin B1, C und E).

Haselnußmus* ...Die Haselnüsse werden besonders fein gemahlen. Von dem in den Nüssen reichlich enthaltenen Öl hat es seine pasten- oder musartige Beschaffenheit. Manchmal setzt sich das Öl an der Oberfläche ab. Das Mus dann gut durchrühren. Das Haselnußmus kühl, dunkel und gut verschlossen aufbewahren. So hält es sich auch nach dem Öffnen des Glases einige Wochen frisch.

Hirse* ...ist nach Hafer das vitamin- und mineralstoffreichste Getreide (Vitamin A und B-Komplexe, Eisen, Phospor, Kalium, Kalzium, Fluor u.a.). Besonders hervorzuheben ist der hohe Eisen-, Fluor- und Kieselsäuregehalt. Hirse hat von allen Getreidesorten die kleinsten und härtesten Körner, die nicht vorgeweicht werden müssen, sehr schnell gar und leicht verdaulich sind.

Kuvertüre ...enthält mindestens 60 % Kakao und ist daher besonders geeignet für Kuchen oder Schokoladendesserts. Zartbitterkuvertüre hat den geringsten Zuckeranteil.

Mozzarella ...äußerst beliebter italienischer, fettarmer Weichkäse mit geringem Eigengeschmack.

Olivenöl ...wird aus Oliven gepreßt. Jungfernöl (auf dem Etikett kann auch „extra vergine" oder „natives Olivenöl" stehen) heißt, daß dieses Öl aus der ersten Pressung und damit von besonderer Qualität ist.

Rucola ...ein Wildkraut, das früher Rauke hieß, und in letzter Zeit als Salat wieder sehr beliebt wurde.

Sesamsamen* ...ist eine der ältesten Ölpflanzen, die wir kennen. Sesamsamen schmecken am besten, wenn sie kurz geröstet werden. Neben hochwertigen Fettsäuren enthalten die Sesamsamen Vitamin E und sind gute Kalziumlieferanten (40 g Sesam enthalten soviel Kalzium wie 1/2 l Milch). Außerdem enthalten Sesamsamen Eisen, Karotin, Kieselsäure, Niacin, Phosphor und Vitamin B1 + B2.

Sprossen* ...entstehen, wenn Samen gekeimt hat. Zum Keimen eignen sich alle Getreidesorten (außer Hirse, Reis, Grünkern) und Buchweizen, Mungobohnen, getrocknete Erbsen, Kichererbsen, Linsen, Alfalfa, Sonnenblumen- und Kürbiskerne, Rettich, Bockshornklee, Kresse, Senf, Leinsamen. Darauf achten, daß es sich um unbehandelten Samen aus kontrolliert-biologischem Anbau handelt. Denn der „normale", in Tütchen eingepackte Samen (zum Beispiel im Gartencenter) ist zur Aussaat in die Erde bestimmt und meist chemisch behandelt. Die Stärke des Getreidekorns verwandelt sich beim Keimen in Fruchtzucker.

Weinsteinpulver* ...ersetzt das gewohnte Backpulver oder Natron, das die Magenschleimhaut reizen kann.

Weizen* ...ist das Getreide, das heute an erster Stelle in der Weltproduktion steht. Es ist das Grundnahrungsmittel von gut der Hälfte der Erdbevölkerung. In unseren Breitengraden wird Weizen hauptsächlich gemahlen und zu Brot, Gebäck oder Teigwaren verarbeitet. Üblicherweise benutzt man aber dazu nicht den frisch gemahlenen Weizen, sondern das weiße Auszugsmehl. Bei diesem fehlen die Randschichten und der Keim des Korns völlig und damit leider auch die meisten seiner wertvollen Inhaltsstoffe. Diese sind vor allem Vitamin B1, aber auch B2, Niacin, Pantothensäure und andere Vitamine sowie Magnesium, Phosphor, Eisen, Natrium, Kalium u.a.

Weizenmehl Type 1050* ...ist ein dunkles Auszugsmehl. Es wird besonders schonend über mehrere Metallwalzen vermahlen und durch sehr feine Siebe abgesiebt. Nur ein geringer Teil der äußeren Getreideschichten verbleibt im Sieb.

Zartbitterkuvertüre ...siehe Kuvertüre

* erhältlich in Reformhaus oder Naturkostladen

Tips von A-Z:

Ablöschen...Angebratenes mit wenig Flüssigkeit und unter vorsichtigem Rühren loskochen.

Abschmecken...Mit einem Teelöffel z.B. die Sauce probieren und noch etwas Salz, Pfeffer oder Gewürze dazugeben.

Abschrecken...Gekochtes in ein Sieb abschütten und kurz eiskaltes Wasser darüber laufen lassen. Stoppt den Garvorgang. Erhält dem Gemüse die Farbe. Gemüse, Obst, Eier lassen sich dann leichter häuten bzw. abschälen.

Abtropfen...Salat nach dem Waschen, Gemüse und Nudeln nach dem Kochen in ein Sieb geben und tüchtig rütteln, damit das Wasser abläuft.

Angebrannt....nicht umrühren, sondern das nicht Angebrannte abschöpfen und - wenn es nicht angebrannt schmeckt - in einem anderen Topf weiterkochen.
(In den angebrannten Topf gibst du eine Tüte Backpulver, über Nacht einweichen, dann mit Spülmittel säubern - und der Topf ist wie neu).

Anrichten...Das Gekochte nicht einfach auf den Teller kippen, sondern so darauf verteilen, daß es hübsch aussieht und Appetit macht. Zusätzlich mit Fruchtstückchen oder Kräutern dekorieren. Die Augen essen nämlich mit.

Anschwitzen...In Butter oder Öl z.B. Zwiebelwürfelchen bei mittlerer Hitze unter Rühren anbraten, ohne daß sie braun werden.

Braten in der Pfanne....In viel heißem Fett garen und dabei bräunen. Die Pfanne mit dem Fett auf der passenden, das heißt gleich großen Herdplatte stark erhitzen (höchste Stufe). Bratgut hineingeben und Hitze auf mittlere Stufe zurückschalten, damit nichts verbrennt. Anschließend das Gebratene auf Küchenpapier abtropfen lassen, das entfernt das überschüssige Bratfett.

Eier aufschlagen....Nimm das Ei in eine Hand und knacke es in der Mitte mit einer Messerschneide an. Mit beiden Händen die zwei Eierhälften auseinanderziehen und das Ei in eine Tasse gleiten lassen.

Eigelb vom Eiweiß trennen...Ei mit einem Messer ungefähr in der Mitte anknacken, die Hälften mit beiden Händen so vorsichtig auseinanderziehen, daß das klare Eiweiß in eine Tasse rinnt und das Eigelb in einer Eihälfte zurückbleibt.

Früchte verfärben sich nach dem Schälen....mit einer Zitrone einreiben und in eine Schüssel geben, die dann mit einem Küchentuch bedeckt wird.

Garnieren..."Dekorieren" des Tellers z.B. mit eßbaren Zutaten oder auch mit einer Blume.

Hobeln...Mit einem Gemüsehobel wird Gemüse (z.B. Salatgurke, Karotten) in feine Scheiben geschnitten.

Honig abwiegen....Stelle die Backschüssel auf die Waage und wiege sie genau aus. Laß so lange Honig dazulaufen, bis das errechnete Gesamtgewicht erreicht ist.

Ist das Brot fertig?....Klopfe mit einem Löffel darauf und wenn es hohl klingt, ist es fertig.

Ist der Kuchen fertig?.... Zahnstocherprobe machen: einen Zahnstocher hineinstechen - wenn nichts daran kleben bleibt, ist der Kuchen fertig.

Kleinhacken...Kräuter werden gehackt, d.h. auf einem Holzbrettchen werden die gezupften Kräuter mit einem scharfen Messer gehackt. Sogenannte Wiegemesser solltest du nicht benutzen, da sie die Kräuter zu sehr an der Schnittstelle quetschen können. Dabei wird die Schnittstelle braun und die ätherischen Öle gehen kaputt. Hacke Kräuter auch nicht zu fein.

Köcheln...Kochen bei geringer Temperatur. Saucen und Suppen kochen auf kleiner Flamme vor sich hin und machen ab und zu „blub".

Körner feinmahlen....Stell die Getreidemühle auf die feinste Einstellung und gib das Getreide in den Einfülltrichter. Stell eine passende Schüssel unter die Mehlauswurfstelle und drücke den Startknopf. Mahle Mehl nur, wenn du es brauchst und nicht auf Vorrat.

Körner schroten...Wie bei „Körner feinmahlen", aber mittleren Mahlgrad einstellen.

Mehlieren...Etwas Mehl in einen tiefen Teller geben und Fleisch-, Fisch- oder Gemüsestücke darin wälzen. Dann lassen sie sich besser anbraten.

Pellkartoffeln...Kartoffeln (Sorte festkochend!), die nur gewaschen und dann in der Schale gekocht werden. Um die Pelle mühelos abziehen oder um die Kartoffel anschließend durch die Presse drücken zu können, müssen die Kartoffeln noch warm sein.

Raspeln...Rohes Gemüse oder Obst auf einer speziellen Reibe in feine Streifen schneiden.

Sahne steif schlagen....nur kalte Sahne wird schön steif. Sie sollte direkt aus dem Kühlschrank kommen. Wenn du einen Mixer verwendet, beginne mit der kleinsten Stufe, damit es nicht spritzt.

Simmern...köcheln bei niedriger Temperatur; die Flüssigkeit im Topf darf sich nur ganz wenig bewegen.

Teig ausrollen....Backpapier zwischen Teig und Rolle legen, dann klebt's nicht so.

Teig rühren...Ein feuchtes Tuch unter der Schüssel verhindert, daß sie wegrutscht. Immer in die gleiche Richtung und im Kreis rühren.

Tomaten entkernen...Durch Tomatenkerne schmecken Saucen, Ketchup etc. etwas bitter. Deshalb die Tomate vierteln und die Kerne mit einem Teelöffel herauskratzen.

Versalzen...eine Kartoffel schälen, in dem Gericht 15 Minuten mitkochen und dann herausnehmen.

Wasserbad...In eine mit Wasser gefüllte feuerfeste Schüssel wird die Pastetenform o.ä. gegeben.

Zwiebel schneiden...Holzbrettchen und Zwiebel naß machen, das verhindert Tränen.

Was ich nicht versteh', kann ich hier nachschlagen

Miroslav Nemec in Oprtalj/Istrien

Veronica Ferres

Christine Neubauer

Hand in Hand
FREUNDE DER
KRIEGSWAISENKINDER
IN EX-JUGOSLAWIEN E.V.

Weitere Informationen zu Hand in Hand e. V.: http://www.flicflacfloo.de

Hand in Hand
oder
wie Kinder wieder lachen lernen

Im November 1994 haben der „Tatortkommissar" **Miroslav Nemec** und sein Schauspielerkollege **Drago Ragutin** den Verein „Hand in Hand - Freunde der Kriegswaisenkinder in Ex-Jugoslawien e.V." gegründet. Die Schirmherrschaft für diesen Verein hat die deutsche Regisseurin **Doris Dörrie** übernommen. Ziel des Vereins ist es, ein Waisenhausdorf im zerstörten Ex-Jugoslawien aufzubauen. Aus diesem Grunde arbeitet „Hand in Hand" seit Juli 1997 mit der 1993 gegründeten Hilfsorganisation „Zauberstäbchen" aus Bochum zusammen, die wiederum die ebenfalls humanitäre Hilfsorganisation „Nadomak Sunca" (das in etwa „Nahe der Sonne" bedeutet) mit Sitz in Zagreb unterstützt. „Nadomak Sunca" hat im August 1994 damit begonnen, in dem kroatischen Dörfchen Oprtalj/Istrien verlassene und zerstörte Häuser zu erwerben, diese zu renovieren und zu restaurieren und darin dann Elternpaare mit eigenen sowie bis zu sieben angenommenen Kriegswaisenkindern anzusiedeln. Für den Fertigbau des dritten Hauses sowie den Kauf und Umbau eines weiteren Wohngebäudes flossen im August 1997 die ersten „Hand in Hand"- Mittel nach Kroatien.

Weitere Auskünfte:
Hand in Hand
Freunde der Kriegswaisenkinder in Ex-Jugoslawien e.V.
Ainmillerstr. 22
80801 München
Tel. 089 / 33 15 39
Fax 089 / 33 15 41
Spendenkonto: Bayerische Vereinsbank, Konto Nr. 44 88 25 15, BLZ 700 202 70, Stichwort „Hand in Hand"

Die Mitglieder von „Hand in Hand":

Franz Armstorfer, Architekt
Aytua Alkan Nese, Angestellte
Isolde Barth, Schauspielerin
Johanna Bittenbinder, Schauspielerin
Claus Boje, Produzent
Andreas Borcherding, Schauspieler
Natja Brunckhorst, Schauspielerin
Sophie von Bülow, Cutterin
Georg Bub, Architekt
Evelyn Döhring
Doris Dörrie, Regisseurin
Ralph Erskine, Architekt
Veronica Ferres, Schauspielerin
Monika Forster, Angestellte
Christina Gattys, Agentin
Michael Hild, Produzent
Dagmar Hirtz, Regisseurin
Nico Hofman, Regisseur
Christina Hofstetter-Prem, Abteilungsleiterin
Hannah Hollinger-Ebelin, Autorin
Dieter Horres, Produzent
Gerd Huber, Produzent
Steffi Kammermeier, Regisseurin
Wolf-Dieter Kornemann, Wirt
Jürgen Kraus, Grafiker
Marion Kracht, Schauspielerin
Kerstin Krause
Thomas Meyer, Kameramann
Katharina Meinecke, Schauspielerin
Ray Müller, Regisseur
Maria Neocleous-Deutschmann, Regisseurin
Miroslav Nemec, Schauspieler
Christine Neubauer, Schauspielerin
Puck Oosthoek, Choreografin
Ana Radica, Pressereferentin
Drago Ragutin, Schauspieler
Marlies Regiert, Angestellte
Roland-Suso Richter, Regisseur
Albert Riedmüller, Bankdirektor
Jenny Rogner
Monika Schopp, Regieassistentin
Ralph Schicha, Schauspieler
Hiltrud Schmitz, Angestellte
Peter Sehr, Regisseur
Renate Seefeldt, Produzentin
Mona Seefried, Schauspielerin
Wolfgang Spier, Schauspieler
Gaby-Cornelia Schrodek, Pressereferentin
Daniela Tolkien, Schauspielerin
Jürgen Tonkel, Schauspieler
Daniela Unterlaß, Angestellte
Marianne von Waldenfels, Redakteurin
Rainer Wolffhardt, Regisseur
August Zirner, Schauspieler

REZEPTE von A-Z

MORGEN-MUNTER-MACHER

Blumentee	12
Heiße Schokolade	13
Karottensaft	13
Orangen-Hafer-Müsli	14
Bananen-Trauben-Müsli	14
Sonntags-Sprossen-Power	16

EIGENBRÖTLEREIEN

Walnußbrot	18
Vollkornbrötchen	20

PAUSEN-ÜBERRASCHUNG

Schoko-Nuts	22
Honig-Quark-Aufstrich	23
Rucola-Brot geröstet	23
Mozzarellaspieß	23
Erdbeer-Marmelade	24
Aprikosen-Marmelade	24
Kräuterpastete	25
BurgerVeg	26

ZUM TUNKEN & DIPPEN

Ketchup	28
Mayonnaise	28
Käsesauce	30
Tomatensauce	30
Kräutersauce	32
Sauerampfersauce	32
Champignonrahmsauce	50

KNACKIGES GRÜNZEUG

Krautsalat	35
Paprikasalat	35
Gurkensalat	36
Karottensalat	36
Kopfsalat	36
Kartoffelsalat	37

MACHT DEM KOHLDAMPF BEINE

Kartoffel-Karotten-Suppe	38
Lauchsuppe	39
Nudeln alias Pasta	40
Lasagne	42
Käsespätzle	44
Kartoffelgnocchi	46
Kartoffelgratin	47
Gemüse-Reis-Pfanne	48
Semmelauflauf	50
Champignonrahmsauce	50
Vollkornhackbraten	52
Bratkartoffeln	54
Hähnchenkeule	55
Kräuterkotelett	56
Seezunge mit Zitronenbutter	57
Pfannkuchen	58

WAS SÜSSES GEHT IMMER

Vanillesauce	60
Dampfnudeln	61
Erdbeerkuchen	62
Rhabarberkuchen	64
Schokoladenkuchen	66
Schokocreme	67